ILARIA SORAGNI

MESS

romanzo

leggereditore

Prima edizione: marzo 2016

Il marchio Leggereditore è di proprietà
della Sergio Fanucci Communications S.r.l.
via delle Fornaci, 66 – 00165 Roma
tel. 06.39366384 – email: info@leggereditore.it
Indirizzo internet: www.leggereditore.it

Progetto grafico: Grafica Effe

ILARIA SORAGNI

MESS

1

Rules

Strinse i pugni prima di sbatterli con forza contro la porta appena chiusa.

«Fatemi uscire!» urlò.

I capelli biondi le sferzavano il viso accaldato, le mani iniziavano a farle male mentre si accaniva sulla porta e imprecava con tutto il fiato che aveva in gola.

«È inutile che urli.»

Si fermò di colpo e si girò verso quella voce bassa, corrugando la fronte.

«Più urli e più penseranno che sei malata.»

Osservò il ragazzo fare dei passi verso di lei; la sua altezza la sovrastava, la tuta verde che indossava gli fasciava il bacino magro e le gambe longilinee.

Lui si spostò all'indietro i capelli corvini e si sistemò le maniche della felpa, prima di sorriderle divertito. I tatuaggi che gli ricoprivano le braccia ne mettevano in risalto la pelle olivastra.

«Io uscirò da qui!» disse lei a denti stretti.

«Oh, certo» la schernì lui.

«Fanculo!»

Il ragazzo alzò le braccia in segno di resa facendo un altro passo avanti. «Comunque, io sono Zayn.»

Lei fissò la mano che le stava tendendo e la strinse riluttante. «Mavis» sussurrò.

«Eccellente» rispose lui sorridendo. I suoi occhi scuri la scrutavano con attenzione. «Questa settimana hanno dato a me il compito di fare da guida, quindi seguimi.» Le diede le spalle e cominciò a percorrere il lungo corridoio bianco davanti a loro.

Tutto quel candore le stava dando alla testa. Quel posto non le piaceva, si sentiva in gabbia. Come se l'avessero rinchiusa dietro sbarre di ferro.

«Questa è l'ala Nord» le spiegò Zayn. «Ci portano i nuovi arrivati e tutti quelli che indossano la tuta verde. La tua stanza è in questo corridoio.»

Mavis lo seguiva, osservando circospetta l'ambiente in cui si trovava. Si voltò un secondo a fissare la porta massiccia che poco prima stava colpendo con tutte le sue forze.

Poi si concentrò di nuovo sul ragazzo, che la stava aspettando davanti a una porta color panna con il maniglione antipanico di un rosso acceso.

«Oltre questa parete c'è l'ala Est. Prega di non metterci mai piede.» Si irrigidì. «Lì non succedono belle cose.»

Mavis annuì e rabbrividì nel sentirlo ridere meschinamente.

Pochi passi dopo, Zayn si fermò davanti a un'altra porta, uguale alla precedente ma senza maniglione antipanico. Nel centro dell'anta c'era una finestrella, e sotto questa un numero impresso in caratteri neri spessi, come se fossero stati scritti con violenza.

Mavis notò che lungo il corridoio si susseguivano moltissime porte come quella, ognuna delle quali aveva un numero. Incuriosita, fece un passo avanti per affacciarsi alla finestrella e guardare all'interno.

Zayn la trattenne per un braccio. «Prima regola» le sussurrò. «Non avvicinarti alla stanza 105.»

Mavis rimase confusa da quelle parole. Strinse la mascella sentendo la presa di Zayn irrigidirsi mentre la trascinava lungo il corridoio fino a fermarsi davanti alla cella numero 114.

«Le stanze di giorno sono lasciate aperte, ma ti consiglio di uscire solo se te lo dicono. Le guardie vengono a chiamarci all'ora dei pasti» disse Zayn aprendo la porta e spingendo Mavis all'interno. Lei quasi perse l'equilibrio. «E per il resto, be', le regole sono semplici: sopravvivi e cerca di non impazzire.»

Rise di nuovo prima di sbattere la porta e lasciare Mavis da sola. «Benvenuta all'inferno» le urlò entrando nella stanza accanto.

2

Room

«Morirò in questo cazzo di riformatorio!» sentì sbraitare. Un tonfo riecheggiò per tutto il corridoio.

La voce veniva da oltre la parete destra della sua stanza. Era roca e stanca, non si confondeva con i mormorii che giungevano dalle altre celle.

«Modera il linguaggio, Harry» disse con sarcasmo una voce che Mavis riconobbe essere quella di Zayn. «Abbiamo una signora.»

Lo sentì ridacchiare prima che l'altro lo interrompesse chiedendo: «È arrivata stamattina? Com'è? Come si chiama?»

Mavis si alzò dal letto per affacciarsi alla finestrella. Si voltò a destra, ma non vide nessuno. «Ehi, fatti i cazzi tuoi!» sbottò.

Dall'apertura sulla porta accanto spuntò la testa ricciuta di un ragazzo dagli occhi verde giada. La trapassò con uno sguardo acuto e le sorrise.

«Aggressiva!» disse un'altra voce.

Mavis guardò davanti a sé. Dalla finestra della stanza numero 113 pendeva un braccio muscoloso decorato con tatuaggi particolari. Fissò gli occhi azzurri che si spostavano da lei ai ragazzi delle celle accanto.

«Come ti chiami, dolcezza?» chiese quel tipo.

C'era un corridoio a dividerli, ma lei poteva comunque vederlo bene. I capelli castani erano scarmigliati, come se avesse passato tutta la notte a tirarseli per la frustrazione.

Mavis lo fulminò con lo sguardo prima di alzare il dito medio. Il ragazzo scosse il capo e mise anche l'altro braccio fuori dall'apertura, che permetteva di vedere fino al mezzo busto.

«Liam dov'è?» chiese Zayn sporgendosi oltre la testa di Mavis per guardare Harry.

«Louis l'ha visto andare al piano di sopra.»

Il ragazzo dai capelli corvini borbottò qualcosa guardando i suoi amici.

Mavis li osservava in silenzio. Fissò il numero 112 della cella di Zayn, poi alzò lo sguardo e scrutò il lungo corridoio. C'erano altri ragazzi affacciati alle finestre e ogni tanto qualche bestemmia riecheggiava tra i muri bianchi. Mentre i tre tipi intorno a lei si scambiavano battute su argomenti incomprensibili, i suoi occhi si fermarono sulla stanza 105. Aggrottò la fronte quando intravide una testa bionda oltre la finestrella. Schiacciò il corpo contro la porta per vedere meglio. «Ehi!» urlò sporgendosi dalla finestra.

«Mavis, cosa stai...» disse Zayn confuso.

«Tu! Nella stanza 105!» continuò ad alta voce interrompendolo.

Harry allungò il braccio verso di lei e sbatté la mano contro la porta, intimandole di smettere. «Sei pazza?»

Louis la guardava con un ghigno divertito.

«Perché? Se la finestra è aperta vuol dire che chi è dentro ci sta ascoltando» disse Mavis confusa, rivolgendosi a Harry.

Lui alzò gli occhi verdi al soffitto, poi guardò Zayn. «Come guida non vali un cazzo! Non le hai detto niente sulla 105?» sbraitò.

Zayn fece spallucce e si allontanò dalla finestrella, scomparendo alla vista degli altri.

Mavis strofinò ansiosamente le mani tra loro, poteva ancora sentire l'effetto delle pillole che le avevano dato appena entrata in quel posto glaciale.

«Cosa c'è nella stanza 105? E perché dovrei starne lontana?» Chiuse gli occhi cercando di concentrarsi. Voleva solo sapere, aveva sempre avuto una curiosità difficile da soddisfare.

«Fai troppe domande» la ammonì Harry. «E in questo posto i ficcanaso non sono ben accetti» concluse indicandola. Poi spostò l'indice verso la stanza 105.

Fu allora che Mavis si accorse di come quel numero fosse diverso dagli altri: le cifre erano più spesse, più marcate. Anche a guardarla da lontano, quella cella si annunciava differente, come se fosse stata costruita per contenere qualcosa di particolare.

«Stanne lontana» ordinò Harry categorico.

«Dolcezza...» intervenne Louis. Mavis si voltò a guardarlo, mentre Harry rientrava nella sua stanza. «Se non vuoi finire male, ti conviene dargli retta.»

«Basta parlarne!» li interruppe Zayn, affacciandosi di nuovo alla finestra. «Non voglio più sentire una sola parola su quel *mostro*.»

«Tutti noi siamo qui dentro per un motivo» lo rimproverò Louis.

Mavis si sentì confusa come non mai. Guardò i loro visi stanchi. Ognuno di quei ragazzi sembrava provato dal riformatorio, le loro facce erano scavate, segnate da profonde occhiaie. Le facevano quasi pena... Anche il suo volto sarebbe diventato così?

«Lo so, ma se siamo all'inferno e noi siamo i demoni...» Zayn respirò «lui è il diavolo.»

Mavis fece un passo indietro e si sedette a terra. Da lì non vedeva nessuno, ma sentiva bene le voci. «Zayn» disse alzando la testa; il soffitto bianco fu macchiato dai suoi pensieri. Voleva cambiare argomento; la stanza 105 le incuteva soggezione, e la infastidiva il fatto che gli altri non le dessero risposte.

«Dimmi.»

«Perché sei qui?»

I respiri di Mavis sembrarono amplificati dal silenzio che seguì la sua domanda.

«Risse» spiegò lui. «Stavo per ammazzare di botte un compagno di scuola, e mi hanno sbattuto qua dentro per 'problemi di gestione della rabbia'» sputò. «Stronzate.»

Mavis si alzò dal pavimento e si avvicinò di nuovo alla finestrella. Appoggiò il mento sulle mani chiuse a pugno e guardò Louis, pronta a fargli la stessa domanda.

Lui alzò un indice e lo fece oscillare da destra a sinistra in segno di negazione.

Pensò che quel ragazzo avesse degli occhi agghiaccianti: in un secondo erano diventati scuri come il cielo di notte.

All'improvviso il suono di una campanella la fece sobbalzare e il corridoio si riempì di urla e rumori.

«Cosa sta succedendo?» chiese Mavis quasi nel panico. Poteva sentire l'eccitazione trasudare dai corpi dei ragazzi delle stanze accanto.

«È l'ora di pranzo» le rispose Harry sorridendo. «Ci divertiremo.»

3

Nord

Tutti i ragazzi dell'ala Nord si erano ammassati nel corridoio davanti all'ingresso della mensa.

«Stai vicino a noi» borbottò Zayn tendendo una mano verso Mavis.

Lei annuì distratta, mentre si teneva in punta di piedi per scorgere il ragazzo dietro la porta numero 105. Due guardie lo tenevano fermo per le braccia.

Mavis strinse gli occhi per osservare meglio la scena. «Perché lo tengono?» chiese facendo qualche passo in avanti.

«Le manette non bastano!» Harry ghignò spingendo la porta per entrare nella mensa.

Era tutto troppo bianco. Si sedettero a un tavolo vuoto mentre gli inservienti distribuivano i vassoi col cibo.

«Ciao, ragazzi.»

Mavis alzò la testa per guardare il tipo in piedi davanti a lei che stava salutando i compagni; aveva i capelli corti e castani e uno strano neo sul collo.

«Lei chi è?» chiese in tono gentile sedendosi di fianco a Zayn. La indicò, prima di prendere la forchetta e usarla per scavare il panino.

Mavis lo guardò confusa, ma scosse subito la testa. «Mavis, sono arrivata stamattina» spiegò atona.

«Liam» rispose il ragazzo presentandosi.

Lei annuì e gli strinse la mano, allentando subito la presa quando vide il suo viso contorcersi in una smorfia.

«Che succede?» gli chiese Louis, notando la reazione.

Liam sorrise alzando le spalle. «Oggi al piano di sopra erano un po' arrabbiati.»

Mavis strabuzzò gli occhi. «Ti hanno picchiato?» domandò spostando il vassoio verso il centro del tavolo. Le era passata la fame.

«Capita, se fai qualcosa che non va bene» rispose Liam abbassando lo sguardo.

A un tratto, la porta della mensa fu spalancata con forza e andò a sbattere contro il muro. Tutti smisero di parlare, gli inservienti si immobilizzarono. Due guardie condussero dentro un ragazzo tirandolo per le braccia.

Appena lo vide, Mavis drizzò la schiena. Teneva la bocca tirata in un ghigno, i polsi legati che spuntavano da una felpa arancione. Ciocche di pigri capelli biondi, più scuri verso la radice, gli solleticavano la fronte mentre i suoi occhi azzurri vagavano affamati per la sala.

Soltanto quando venne fatto sedere a un tavolo vuoto, le persone ripresero a parlare.

«Mostro» sputò Zayn sbattendo le posate nel piatto di plastica rigida.

«Perché è qui?» chiese Mavis fissando il nuovo arrivato, seduto dall'altra parte della mensa.

«Nessuno lo sa. Lui non parla» rispose Liam.

Mavis rabbrividì quando il ragazzo alzò gli occhi su di lei. Intimidita, distolse lo sguardo. «Come si chiama?» continuò curiosa. Riportò la sua attenzione su di lui, e arrossì nello scoprire che la stava ancora fissando.

«Noi lo chiamiamo 105» sbuffò Harry. «Nessuno sa niente sul suo conto, neanche gli inservienti.»

«Io avevo sentito...» esordì Louis, prima di addentare il suo hamburger «...ho sentito che lui è qui perché in carcere non lo vogliono, o qualcosa del genere.»

Zayn lo zittì con un gesto della mano. «Comunque, se porti la tuta di quel colore e hai delle cazzo di manette ai polsi, vuol dire che non hai fatto delle belle cose» commentò in tono alterato.

Mavis annuì senza distogliere lo sguardo dal viso scavato che la fissava. Strinse la forchetta tra le dita quando lo vide stendere le labbra in un sorriso pigro e chiudere gli occhi azzurri.

«Smettila» le sibilò Harry all'orecchio.

«Cosa?»

«Smettila di fissarlo.»

«Va bene» rispose notando una guardia che si stava avvicinando al loro tavolo.

«Holmes?» esordì questa in tono severo.

Mavis annuì.

«Dopo pranzo devi presentarti nella sala terapie dell'ala Nord, secondo piano.»

Mavis fece cenno di sì col capo e sospirò dopo che la guardia se ne fu andata.

«Ala Nord, secondo piano...» ripeté Louis. «Terapie di gruppo.»

Harry le diede un colpo sul braccio quando la vide fissare di nuovo il ragazzo biondo. «Mavis, ti ho detto di piantarla!»

«È lui che mi sta fissando!» si difese la ragazza.

«Cosa?» chiese Zayn turbato. «105 ti sta guardando?»

«Benvenuti.» L'anziana signora sorrise dolcemente.

Mavis sbuffò guardandosi intorno. Le sedie erano disposte in cerchio e tutti i ragazzi indossavano una tuta verde.

Si appoggiò allo schienale quando la signora dai capelli argentati iniziò a parlare gesticolando.

«Ti conviene ascoltare» le sussurrò una voce femminile. «Dopo ti chiede cosa ha detto.»

Mavis si girò verso la ragazza alla sua destra. I capelli neri le sfioravano le spalle, gli occhi erano contornati da due occhiaie scure. Cosa c'era di così struggente in quel posto?

«Francesca» si presentò la ragazza.

Il suo strano accento la fece sorridere. «Mavis» rispose sospirando. «Sei qui da tanto?»

Francesca annuì accavallando le gambe magre; i pantaloni verdi le stavano larghi. Sembrava denutrita.

Mavis le rivolse uno sguardo curioso. «Sai qualcosa sul ragazzo della stanza 105?»

4

Est

«Mmm... 105...» borbottò Francesca chiudendosi alle spalle la porta della sala terapie.

La terapeuta le aveva cacciate fuori dopo soli cinque minuti.

Mavis annuì. «Sì, il ragazzo con la tuta arancione.»

Francesca fece un cenno con la mano imboccando le scale. «Mi ricordo il giorno in cui è arrivato.» Si irrigidì. «Non ho mai sentito nessuno urlare così tanto.» Il suo sguardo triste si spostò sugli occhi chiari di Mavis. «Sembrava così disperato, non puoi neanche immaginare.»

«Sai come si chiama?»

La ragazza scosse il capo. «No, non gliel'ho mai sentito dire... Nessuno gli parla.»

«Perché? Perché nessuno gli parla?»

Francesca si morse il labbro e si fermò davanti alla sua stanza, la numero 148. Il corridoio era silenzioso, tutti erano impegnati con i loro compiti o stavano seguendo le terapie. La ragazza si sfregò nervosamente le mani guardandosi intorno. «Qui si viene classificati a seconda del colore della tuta. Ci sono i verdi, come noi, accusati di reati più leggeri: risse, spaccio e cose di questo genere.»

Mavis, sentendo dei rumori di passi avvicinarsi, le fece segno di andare avanti.

«E poi ci sono gli arancioni, chiusi nell'ala Est, colpevoli di crimini gravi» concluse velocemente Francesca.

«Allora perché 105 è in fondo al mio corridoio?» chiese Mavis.

«Ha picchiato due o tre tute arancioni, e lo tengono nell'ala Nord per evitare che faccia altri casini.»

Mavis annuì e si voltò per avviarsi alla sua stanza.

«Mavis,» la chiamò Francesca «so a cosa stai pensando. Non avvicinarti a lui.»

«Dolcezza?»

Mavis sollevò gli occhi verso il soffitto prima di alzarsi dal letto e avvicinarsi alla finestrella. Oltre al letto piccolo e scomodo, le stanze consistevano in poco altro: un armadio minuscolo, una scrivania con una sedia di plastica e un bagno lillipuziano. Si stava sforzando di abituarsi a quel posto.

Louis era affacciato alla sua finestra – come sempre teneva un braccio penzoloni – e la fissava con occhi stanchi.

«Devi dirmi qualcosa?» gli chiese Mavis.

«Fra un po' è ora di colazione, vero?»

Lei annuì appoggiando un gomito alla finestrella per poi lasciar cadere il capo sulla mano. Fissò il braccio pieno di tatuaggi del ragazzo. «Cosa significano?» gli domandò curiosa. Aveva bisogno di distrarsi, al pensiero di dover restare in quel posto per mesi si sentiva male.

«Cosa?» Louis sbadigliò.

Le guardie erano passate alle sette a svegliarli con dei colpi contro le porte. Mavis in realtà non era riuscita a chiudere occhio. Come avrebbe potuto? I suoi pensieri l'avevano tenuta sveglia tutta la notte, che le era sembrata eterna.

«I tatuaggi.»

Louis ridacchiò tendendo il braccio verso il centro del corridoio, per farglieli vedere meglio. Le indicò quello di un omino su uno skateboard. «Lo disegnavo sempre quand'ero piccolo.»

«È bello» commentò lei sincera.

Lui annuì. «Ieri Zayn ci ha parlato di una cosa...» sussurrò cambiando argomento.

Mavis corrugò la fronte.

«Sta pensando a un piano per scappare» proseguì Louis.

Lei sobbalzò all'indietro nel vedere una testa riccia spuntare dalla finestra alla sua destra. «È un piano infallibile» commentò Harry stropicciandosi gli occhi.

Mavis schiuse la bocca per dire qualcosa, ma Louis la zittì con un segno deciso della mano. «Ne parliamo dopo, stanno arrivando le guardie.»

«La colazione è pronta!» gridò una voce dal fondo del corridoio.

Mavis tornò a sedersi sul suo letto. Sentì alcune porte aprirsi, e quando un uomo in divisa armeggiò con la sua, lo fissò senza emozioni.

«Allora? Alzati, c'è la colazione» le ordinò la guardia passando una mano sul manganello di plastica nera.

«Non ho fame» rispose lei incrociando le braccia al petto.

L'uomo si avvicinò con uno scatto. «Alzati» sibilò.

Dietro di lui, Mavis intravedeva Louis che la fissava incredulo.

La ragazza si bagnò le labbra e sputò sulla faccia della guardia, che si era chinata in avanti e la scrutava con aria minacciosa.

In una frazione di secondo, due mani la afferrarono con forza e la trascinarono fuori dalla stanza, facendola strisciare sul pavimento. Mavis provò a scalciare per liberarsi da quella presa.

«Adesso, stupida ragazzina, vediamo come te la cavi nell'ala Est» la schernì lui, strattonandola più forte quando la sentì urlare.

Nel corridoio i ragazzi rimasero immobili; solo Zayn fece un passo avanti ma la guardia gli puntò il manganello contro il viso. «Non avvicinarti!» sbraitò. Quindi continuò a trascinare Mavis fino alla porta d'ingresso dell'ala Est, la oltrepassò e attraversò il corridoio, mentre altre guardie facevano loro strada tra i ragazzi con le tute arancioni.

Quando la felpa di Mavis si sollevò fino alle costole, la sua pelle entrò in contatto diretto con le piastrelle fredde. «Lasciami!» urlò strattonando le braccia.

La guardia spalancò una porta con una spallata e la spinse dentro.

Mavis franò a terra, esausta, ma si rialzò subito per raggiungere la porta che si stava chiudendo. Si schiantò contro di essa, gemendo quando sentì che la serratura veniva chiusa dall'esterno.

«Resterai qui fin quando lo decido io!» urlò la guardia.

Mavis riconobbe il rumore di passi che si allontanavano. Si accasciò a terra, con la schiena contro la porta, e si portò le mani al volto.

La stanza era semivuota, solo due sedie facevano da arredamento. Un'ombra scura la spaventò e la spinse a schiacciarsi ancora di più contro l'anta, come se potesse attraversarla.

Vide il ragazzo dall'altra parte della stanza guardarla dall'alto. Lo fissò. Lui incrociò le braccia al petto.

5

Ovest

Mavis fissò i suoi occhi velati, osservò l'arancione della tuta, avvertì l'odore che la sua pelle emanava.

Strisciò lungo la parete fino a un angolo della stanza, allungò le mani verso una delle due sedie e la mise davanti a sé a mo' di scudo.

105 sospirò, fece dei passi lenti verso la sedia che Mavis reggeva con mani tremanti, e si chinò in avanti appoggiandosi ai braccioli di plastica. Fissò lo sguardo su di lei.

I suoi occhi chiari erano lucidi, la pelle lattea resa ancora più pallida dalla mancanza di luce. Lanciò un'occhiata alle finestre chiuse prima di riportare la sua attenzione su di lei e aumentare la stretta sui braccioli.

Sollevò la sedia in aria, grugnendo nel vedere Mavis continuare a stringere le gambe di alluminio. Tirò ancora, finché lei non lasciò la presa e la sedia finì scaraventata dall'altro lato della stanza.

Mavis strillò quando lui la tirò in piedi strattonandola per una mano e le passò un braccio dietro la schiena per tenerla ferma. «Non toccarmi!» gli urlò senza fiato, sentendosi addosso le sue mani fredde. Si scostò all'indietro e andò a sbattere contro il muro.

Lui si avvicinò velocemente. Il suo respiro pesante si infrangeva sul viso spaventato di Mavis.

Lei lo guardò dritto negli occhi e fronteggiò la sua pazzia sforzandosi di non tremare. Rimase immobile; solo il petto coperto dalla maglia verde si alzava e si abbassava rapidamente. Osservò i capelli biondi e arruffati di 105, gli occhi azzurri contornati da occhiaie scure e profonde, le labbra schiuse, il viso scavato che faceva risaltare gli zigomi definiti.

Lo osservò staccare una mano dal muro e posarla sul suo viso, facendola rabbrividire quando le sfiorò la guancia con un tocco leggero. Le stava così vicino che poteva vedere il suo pomo d'Adamo salire e scendere meccanicamente.

Mavis si sentiva gelare il sangue nelle vene. Chiuse gli occhi, sperando che tutto finisse presto.

Lui fece per spostare la mano più in basso, verso la sua mascella, ma fu interrotto dallo sbattere della porta.

«Maniaco del cazzo, allontanati!»

Mavis ritornò a respirare quando sentì la voce di Zayn avvicinarsi, ferma e sicura di sé.

In un attimo Zayn scansò bruscamente di lato 105, afferrò lei per una spalla e la spinse fuori dalla stanza. Quindi si avvicinò al ragazzo caduto a terra e gli sussurrò qualcosa nell'orecchio. «Capito?» esclamò poi in tono arrabbiato, dandogli un altro spintone e mandandolo a sbattere con la testa contro il pavimento.

Mavis non riuscì neanche a posare lo sguardo su 105 che Zayn aveva già richiuso la porta, facendo girare la chiave e infilandosela subito in tasca.

«Stai bene?» le domandò camminando verso l'uscita dell'ala Est.

«Sì» rispose lei in un sussurro.

«Quella guardia di merda! Scommetto che neanche sapeva che 105 era lì dentro.»

Mavis puntò i piedi facendolo fermare. Zayn corrugò la fronte. «Grazie» gli disse prima di appoggiarsi al suo petto.

«Di niente, tesoro.» Il ragazzo sospirò sollevato, strofinandole una mano sulla schiena.

Ricominciarono a camminare e, usciti dall'ala Est, Mavis chiuse gli occhi per la troppa luce: non si era accorta che il reparto di prima fosse così buio. Senza finestre.

«Come hai fatto a prendere la chiave?» gli chiese.

Zayn rise. «Louis ha la mano veloce e le guardie sono facili da distrarre... Un giorno eravamo nella sala svago dell'ala Ovest e l'ha sfilata dalla tasca di una guardia. La utilizziamo per uscire dalle stanze anche di notte. Ti assicuro che stare chiusi lì dentro dalle dieci di sera alle otto del mattino dopo un po' diventa insopportabile.»

«Non vi hanno scoperti?» domandò sorpresa.

«Certo che no. La guardia deve aver pensato di averla persa e ha preferito starsene zitta e procurarsi una copia. Hanno tutti una paura fottuta del direttore: se dovesse scoprire che uno di loro ha perso la chiave, scoppierebbe il finimondo.»

«Ma si chiederanno chi mi ha liberata... E se capissero che sei stato tu?»

«Non ti preoccupare, non succederà. Quella guardia non avrebbe dovuto rinchiuderti lì dentro. Gli conviene non fiatare.»

Mavis annuì. «Adesso dove stiamo andando?»

Il ragazzo indicò una porta dall'altro lato del corridoio.

«Ala Ovest» sentenziò. «Dobbiamo parlare di alcune cose.»

***

«L'unica via d'uscita possibile sono le finestre della lavanderia, che si trova qui,» Harry indicò la cartina «nell'ala Sud.»

Erano tutti seduti a un tavolo mentre altri ragazzi erano impegnati in diverse attività. Nella sala svago c'erano solo due guardie ed erano accanto alla porta, quindi non avrebbero potuto sentirli.

«Come avete fatto a procurarvi la cartina?» chiese Mavis protendendosi verso il centro del tavolo.

«Questa settimana ero di corvée, e mentre pulivo gli uffici al secondo piano l'ho trovata in un cassetto» rispose Liam. «L'ho ricopiata prima di scendere.»

Mavis si girò quando sentì la mano di Zayn posarsi sulla sua spalla. Poi riportò l'attenzione sulla cartina del riformatorio. Proprio non riusciva a capire come fosse possibile fuggire da quel labirinto.

«Quindi, se ho capito bene, volete raggiungere l'ala Sud, entrare nella lavanderia e calarvi giù dalle finestre, giusto?» chiese Mavis dubbiosa. «Ma come pensate di eludere il controllo delle ronde e delle telecamere? E poi, sbaglio o dalle nove di sera in poi la porta del nostro reparto è bloccata? La chiave non vi servirà per uscire dall'ala Nord» disse indicando la cartina.

«Sì, è tutto vero. Ma noi siamo qui da abbastanza tempo da aver capito che tra le 21:20 e le 21:40, prima che le guardie facciano il loro ultimo giro per chiudere le porte delle celle, i corridoi del nostro reparto non sono controllati. Ci muoveremo in quel lasso di tempo» spiegò Harry.

«Voi vorreste uscire da questo labirinto in soli venti minuti?» domandò Mavis. Le sembrava quasi ridicolo.

«Esatto. C'è solo un problema da risolvere: sbloccare

l'ingresso dell'ala Nord per andare nell'ala Sud. Si può fare soltanto dalla sala di controllo, che si trova qui, nel nostro corridoio. La questione è: chi può farlo mentre noi raggiungiamo la porta del reparto?»

Tutti posarono lo sguardo su Mavis, che arrossì stringendosi nelle spalle. «Che c'è?» domandò.

«Vedi...» Liam si passò una mano tra i capelli corti «in quei venti minuti scarsi che precedono l'ultimo giro delle guardie, generalmente la sala di controllo rimane vuota. Questo vuol dire che nessuno monitora le videocamere di sorveglianza poste lungo il perimetro esterno dell'edificio. Quindi basterebbe entrare in quella sala, pigiare il pulsante giusto per sbloccare la porta, ed è fatta.»

«E allora?» Mavis si appoggiò allo schienale della sedia incrociando le braccia al petto.

«E allora,» ripeté Louis «ci serve qualcuno abbastanza sveglio che lo faccia per noi.»

6

Bad idea

«Allora...» Louis si strofinò le mani. «Usciti di qui ce ne torniamo tranquilli nelle nostre stanze. Alle 21:20 in punto raggiungiamo l'ingresso dell'ala Nord, aspettiamo che la porta si sblocchi e corriamo verso la lavanderia.»

Annuirono tutti.

«Quindi, ripetiamo la tua parte, Mavis» continuò Louis. «Appena le guardie saranno uscite dalla sala di controllo, ti intrufoli al suo interno e spingi il pulsante verde che sblocca la porta del reparto. Controlli attraverso il monitor che siamo usciti tutti, e blocchi di nuovo la porta pigiando il tasto rosso. Tutto chiaro?» Si avvicinò al suo orecchio. «Rendimi fiero di te, dolcezza.»

«Chiarissimo.» Mavis ridacchiò appoggiandosi allo schienale della sedia. «Continuo a pensare che sia una pessima idea, ma farò del mio meglio. In bocca al lupo, ragazzi.»

Louis fece un cenno del capo e tutti si alzarono per uscire dalla mensa e raggiungere le proprie stanze.

«Mavis.» Zayn sospirò, trattenendola per un braccio. «Fa' attenzione... E grazie.»

«Non preoccuparti» lo rassicurò.

Lui sorrise lasciando la presa e la guardò andare via.

Alle 21:20, come previsto, dopo che i ragazzi si furono allontanati, Mavis prese un respiro profondo e attraversò il corridoio, diretta verso la sala di controllo. Si fermò in una rientranza a pochi passi dalla soglia, si guardò intorno e quindi si avvicinò alla porta chiusa.

Era sul punto di abbassare la maniglia, quando una risata fragorosa e roca risuonò oltre la porta. Mavis fece per urlare per lo spavento, ma una mano le coprì la bocca e un'altra le cinse la vita, tirandola indietro. Mavis notò subito l'arancione di quella tuta.

Aumentando la pressione della mano sulle labbra per farle capire di stare zitta, il corpo muscoloso dietro di lei la condusse fino alla rientranza dove si era fermata poco prima. E quando Mavis si agitò per liberarsi dalla sua stretta, il ragazzo le appoggiò la testa sulla spalla, sfiorandole il collo con il naso. «*Sssh*» sussurrò.

Lei chiuse gli occhi sforzandosi di respirare normalmente. Poi la mano si allontanò lentamente dal suo viso e le indicò la sala di controllo.

Mavis annuì. Avvertiva ancora l'alito caldo del ragazzo sulla propria pelle. Trattenne il fiato, sentendo da lontano dei passi pesanti che percorrevano il corridoio oltre l'angolo.

«Sono guardie?» chiese conferma Mavis.

Il ragazzo dai capelli chiari si fece più vicino, annuì e alzò l'indice e il medio.

«Due» decifrò lei. «Cazzo, hanno anticipato l'arrivo. Devo avvertire i ragazzi.» Si voltò a fissare 105. «Tu lo sapevi, vero?» sussurrò. «Del piano e delle guardie.»

105 annuì e la spinse verso l'ingresso del reparto.

Mavis gli fece un cenno del capo e corse ad avvisare

gli amici. Il ragazzo che quello stesso pomeriggio l'aveva aggredita, l'aveva appena salvata... Non sapeva cosa pensare di lui.

«Mavis? Cosa ci fai qui? Che è successo?» chiese allarmato Harry non appena la vide arrivare.

«Le guardie addette al controllo erano nella sala, e la ronda è stata anticipata. Dobbiamo tornare subito nelle stanze!»

«Merda, merda, merda!» imprecò Zayn sbattendo la mano contro il muro bianco.

«Dobbiamo sbrigarci, non c'è tempo!» li incitò Mavis trafelata.

Liam la prese per un braccio e la trascinò in una folle corsa. Quando arrivarono nel loro corridoio, la spinse nella sua stanza e corse verso la propria.

Nel giro di pochi secondi, si chiusero altre tre porte. Attraverso le pareti, Mavis poteva sentire i respiri affannati dei suoi compagni.

«Tesoro?» boccheggiò Zayn.

«Mmm?» mugolò lei appoggiando i gomiti sulle ginocchia e le mani contro il viso. Sentiva ancora l'adrenalina scorrerle nelle vene.

«Ottimo lavoro.»

Zayn sbatté il vassoio sul tavolo prima di sedersi rumorosamente.

«Ho sentito dire che le guardie addette alla sala di controllo hanno ridotto la pausa delle 21:20. Ecco perché ieri sera erano già lì quando Mavis è arrivata» spiegò agitando le mani nervosamente. «Quindi, se organizziamo il tutto in modo da uscire di qui in dieci minuti, siamo a posto.»

«Quando vorresti farlo?» chiese Mavis posando la sua forchetta nel piatto.

«Stasera.»

Louis tossì. «Stasera? No, assolutamente no. Lasciamo passare un paio di giorni» sbraitò.

Harry concordò con lui e propose alcune modifiche al piano. Mavis, invece, era distratta.

Sentiva le voci di quelli che erano diventati i suoi compagni farle da sottofondo mentre guardava la porta della mensa aprirsi e sbattere contro il muro.

Fu l'unica che si accorse che lui era entrato, con le manette ai polsi e scortato da due immancabili guardie.

E fu l'unica che si alzò per andare verso il suo tavolo.

7

Lie

Una delle guardie inarcò le sopracciglia quando la vide avvicinarsi al tavolo di 105, spostare una sedia sotto il suo sguardo attento e accomodarsi su di essa.

Mavis incrociò le braccia al petto; sapeva che Zayn la stava guardando, e sapeva che quando sarebbe tornata al tavolo le avrebbe urlato contro. Non le importava.

Se nessuno voleva dirle qualcosa riguardo a 105, lo avrebbe scoperto da sola.

Il ragazzo biondo sorrise, si appoggiò allo schienale della sedia e le fece un cenno divertito per invitarla a parlare.

Mavis gli tese una mano. «Mavis Holmes.»

Lui annuì e agitò i polsi ancora ammanettati in segno di saluto; sembrava che la prendesse in giro. Gli occhi chiari la fissavano impazienti.

Mavis ritrasse la mano e diede un'occhiata alla sala gremita di gente: notò che la stavano fissando tutti. Si fece più avanti con il busto e parlò a bassa voce: «Volevo ringraziarti per ieri.» Dopotutto, l'aveva aiutata.

Gli angoli della sua bocca si sollevarono in un sorriso

quando vide il 105 scrollare le spalle e posare lo sguardo sulla superficie del tavolo.

«Vai sempre in giro di sera?» gli chiese, tentando di mostrarsi più sciolta.

Stranamente quel ragazzo la imbarazzava, e non capiva il motivo. Non le capitava spesso di sentirsi intimorita, anzi non le capitava mai... E invece ogni volta che vedeva lui, anche solo da lontano, le veniva voglia di chiudere gli occhi, si sentiva assalita da un improvviso senso di spossatezza e di sconfitta, come se il suo sguardo le risucchiasse le energie. Non le piaceva sentirsi in quel modo...

Lui annuì.

«Perché non parli?» lo incalzò. La curiosità la stava divorando; aveva fantasticato sulla sua voce per ore.

Lo vide irrigidirsi. 105 si mise a osservare la guardia che stava alcuni metri dietro di loro.

Mavis tirò fuori dalla tasca verde un fazzoletto di carta e una penna. L'aveva rubata dall'ala Ovest, durante l'ora di svago. Scrisse velocemente qualcosa e fece strisciare il fazzolettino verso di lui.

'Ho bisogno di parlarti.'

Lui prese la biro e riuscì a scrivere una risposta, nonostante i polsi ammanettati.

'Ti aspetto nella mia stanza dopo pranzo. Quando iniziano le terapie, vieni da me.'

Mavis prese fazzoletto e biro e si alzò. Gli fece un cenno con la testa prima di girarsi e sentire il suo sguardo bruciarle la schiena.

«Mavis, fermati, dobbiamo parlare.»

«Zayn, smettila.»

«Cosa ti salta in mente?» sbraitò lui seguendola lungo il corridoio affollato.

«Ma si può sapere cosa ti prende?»

«A me?!» Zayn rise nervosamente. «Non sono io che ho deciso di morire!»

Mavis lo spinse di lato e avanzò di qualche passo. «So cosa faccio, Zayn» mentì.

Lui la raggiunse. «Ma non sai cosa potrebbe fare *lui*. Ieri chissà che sarebbe successo se non fossi intervenuto.» Sospirò. «Sei qui da neanche una settimana, non hai la minima idea di come funzionano le cose.»

Si guardarono per qualche istante prima che Mavis gli desse le spalle per riprendere a camminare.

«Dove stai andando?» le chiese Zayn più dolcemente.

«Ala Nord, terapie di gruppo» mentì di nuovo prima di voltare l'angolo e dirigersi verso la stanza 105.

Mavis sfiorò con le dita i tre numeri impressi sulla porta. Alzò di scatto la testa quando sentì aprire la finestrella.

Il ragazzo la fissò per qualche secondo prima di rivolgerle un sorriso.

«Tu non segui nessuna terapia?» gli chiese.

Lui scosse il capo e aprì la porta.

Mavis entrò. All'interno, la stanza 105 era uguale alla sua, solo un po' più piccola. Fremette quando sentì la porta chiudersi; qualche istante dopo, scattò anche la finestrella.

Mavis guardò il ragazzo passarsi le mani lungo la felpa arancione e avvicinarsi lentamente di qualche passo. Lei distolse lo sguardo, deglutendo.

«Come hai fatto a sapere delle guardie?» gli chiese cercando di concentrarsi su qualcos'altro. «Voglio dire, non dev'essere stato sem...»

Il ragazzo, ormai vicinissimo al suo viso, la interruppe: «Zayn ti sta mentendo.»

8

Touch

«Su cosa?»

Mavis indietreggiò di un passo, scrutando il ragazzo. La sua voce era soave e al tempo stesso roca, probabilmente perché non era abituato a usarla. Era come se quel suono l'avesse svegliata da un lungo sonno, era il male e il bene racchiusi nella stessa persona e, come i suoi occhi, lasciava trapelare parti di lui nascoste.

Mavis lo fissò strofinarsi le mani e passarsi le dita sui polsi arrossati prima di percorrerle il corpo con lo sguardo. Poi alzò una mano e le sfiorò la pelle cerea del viso.

Lei chiuse gli occhi, e fu di nuovo pervasa da un senso di stanchezza. Sentiva i suoi polpastrelli toccarla, decisi e leggeri. «Su cosa mi sta mentendo?» riuscì a sussurrare.

Quando 105 le accarezzò il fianco con piccoli movimenti circolari sopra la stoffa della felpa, Mavis avvertì i muscoli rilassarsi. Un istante dopo le premette la mano sulla vita per farla indietreggiare e lei sentì i polpacci aderire al bordo di ferro del letto. Non si scompose, anzi, si mise a sedere sul materasso e lui fece lo stesso.

Il respiro di Mavis divenne più pesante. 105 spostò le dita sulle sue labbra. «Su tutto» le rispose invitandola a stendersi.

Lei lo assecondò, sdraiandosi sulla schiena. 105 le si stese accanto senza mai smettere di accarezzarla. Il suo tocco era ipnotizzante, pericoloso e ammaliatore come il canto delle sirene. Le sue dita scesero lungo il collo, strappandole un sospiro.

«Tutto cosa?»

«Lui non è qui per un'azzuffata» soffiò lui.

Mavis si sorprese di quanto fossero vicini, poteva sentire il suo respiro infrangersi sul proprio collo. Cercò di allontanarsi. «Tutti siamo qui per un motivo, non importa quale.»

«I motivi come il suo non te li scordi facilmente, principessa.»

A quel soprannome, Mavis deglutì. Le mancava l'aria, la gola era talmente secca che le faceva male. Svegliati, si disse, vattene via. Non ti puoi fidare di lui. «Tu perché sei qui?» sussurrò invece a corto di forze, mentre una strana voglia di dormire investiva il suo corpo debole.

«Perché non riposi? Ti sveglierò prima che le guardie passino per la ronda pomeridiana» le propose cambiando discorso.

Mavis scosse il capo. «Ho troppe cose da domandarti e proporti.» Fermò la sua mano e si impose di ristabilire una distanza.

«Propormi?»

Mavis aprì gli occhi. Lui la stava fissando. «Sì, ma prima le domande.»

Il silenzio del ragazzo la spinse a continuare.

«Da quanto sei qui?»

«Tre anni.»

Schiuse le labbra per la sorpresa. «Perché mi hai aggredito nell'ala Est?»

105 si avvicinò, le solleticò il viso con la punta del naso e riprese ad accarezzarla con movimenti lenti e delicati. «Avevo voglia di toccarti.»

Mavis non avvertì alcuna malizia in quelle parole. Serrò gli occhi e si concentrò sul suo tocco.

«Perché non parli con gli altri?»

Di colpo 105 si fermò.

Lei sollevò le palpebre agitata, gli afferrò la mano e la riportò rudemente sulla propria pelle. «Okay, non ti chiedo più niente, ma ti prego,» serrò gli occhi «ti prego, non smettere di toccarmi.»

Si sorprese delle sue stesse parole. Era la prima volta, dopo non sapeva quanto tempo, che riusciva a sentire e a sentirsi, che desiderava qualcosa al punto tale da chiederlo.

105 riprese ad accarezzarla. «Parlo solo con chi è innocente.»

«Come fai a sapere che io lo sono?»

«Raccontami la tua storia così potrò dirtelo di nuovo» la incitò.

«Mio fratello va pazzo per il cioccolato» iniziò a raccontare. «Era il suo compleanno e volevo fargli una sorpresa, così decisi di comprargli una di quelle confezioni assortite.» Ridacchiò appena. «Mentre stavo tornando a casa dalla pasticceria, un ragazzo mi fermò chiedendomi un accendino. Era strano, puzzava di alcol e barcollava. Gli risposi che non lo avevo e lui si arrabbiò.» Deglutì. «Mi diede della bugiarda, e quando provai ad allontanarmi si incazzò ancora di più e mi mise all'angolo.»

Il suo tono si fece teso, ma 105 continuò a sfiorarla, rassicurandola.

«Allora gli tirai un pugno e lui cadde a terra privo di sensi. Non lo colpii forte, in realtà non si reggeva in piedi già prima che mi parlasse... I giudici, però, non hanno creduto alla mia versione, e così... eccomi qua.»

«Sei innocente, si è trattato di legittima difesa. Dovrebbe esserci lui a marcire qui dentro, principessa.»

Mavis annuì e subito dopo si tirò su. Era ora di tornare nella sua stanza: a breve le terapie sarebbero terminate e le guardie avrebbero iniziato un nuovo giro di ronda.

Il ragazzo la accompagnò lungo il corridoio.

«E tu, 105? Perché sei qui?» chiese Mavis quando si fermarono davanti alla sua porta.

Lui scosse la testa e guardò la propria tuta. «Non ho fatto belle cose.»

«Nessuno le fa.»

«Abbiamo due opinioni diverse sulle persone, allora.»

Mavis impugnò la maniglia, aprì leggermente la porta e fissò di nuovo 105. «Devo chiederti una cosa.»

Lui le fece cenno di continuare.

«Aiuteresti i ragazzi a scappare? Insomma, sei qui da tanto e conosci questo posto molto bene.»

«Anche Zayn è qui da tanto, esattamente dagli stessi giorni.»

Mavis annuì, ma rimase confusa da quella risposta. Entrò nella stanza e si chiuse la porta alle spalle.

Il ragazzo si sporse dalla finestrella e la guardò. «Mi chiamo Niall, comunque» disse. «Niall Jenkins.»

La sala svago nell'ala Ovest era il luogo più triste dell'intero l'istituto. Stare con le altre persone tra quelle pareti di un bianco monotono, faceva sentire ancora più soli.

Mavis spostava pigramente le pedine della dama

mentre guardava gli altri ragazzi giocare a carte o chiacchierare. Avevano tutti le tute verdi.

Non si scompose quando sulla sedia di fronte alla sua si sedette Zayn.

Quest'ultimo prese alcuni pezzi e li posizionò sulla damiera. Poi guardò Mavis e indicò le pedine. «Giochiamo» disse sistemando le braccia ai lati del tavolo scuro.

«Non voglio giocare con te» gli rispose.

Lui sbuffò. «Ho detto giochiamo.»

Mavis lo guardò corrugando la fronte. Respirò rumorosamente prima di fare la propria mossa, sbattendo la pedina bianca su una casella nera.

Zayn spostò in avanti uno dei suoi pezzi. «Se vuoi farmi delle domande, questo è il momento giusto.»

Mavis fece un'altra mossa e poi incrociò le braccia al petto. «Perché Louis è qui?»

Zayn alzò le spalle. «Diciamo che lui è il motivo per cui nelle mense non si utilizzano più le posate di metallo.»

Mavis si accigliò, pensando alle possibili situazioni in cui Louis si era potuto cacciare. Una sua pedina raggiunse la base avversaria. «Harry?»

«Banale» commentò Zayn. «È stato trovato dalla polizia in un bordello. Era minorenne.»

«E Liam?» lo incalzò Mavis mangiando un'altra pedina. «Lui sembra bravo.»

«Lo è» confermò Zayn. «Lo è più di tutti noi qui dentro» continuò. «Solo che c'è stato un periodo in cui era stressato, e un pomeriggio ha cercato di strangolare la sorella maggiore.»

Mavis deglutì. «E tu?» Alzò lo sguardo incrociando gli occhi scuri del ragazzo. «Tu perché sei qui?»

Zayn tese la mano verso la sua ultima pedina prima di sospirare. «Lunga storia.»

«Sono sempre lunghe storie.» Mavis ridacchiò.

«Credo di sì.» Zayn sorrise prima di grattarsi il retro del collo. «Ascolta, riguardo a ieri...» biascicò. «Mi dispiace, non dovevo reagire così, solo che mi preoccupo. Sei nuova, e vorrei che durassi più di una settimana qui dentro.»

«Tranquillo.» Mavis mangiò l'ultima pedina di Zayn. «Ho vinto» proclamò alzandosi.

9

All

Mavis premette la testa contro il muro stringendo forte gli occhi, mentre serrava i pugni sulle ginocchia ossute. «Merda» sibilò sentendo una fitta alla tempia destra. Si portò una mano sul punto dolorante.

Harry bussò alla sua parete. «Mavis, devi prendere le medicine.»

Lei puntò lo sguardo sul barattolino ai piedi della porta.

«Non ne ho bisogno. Non sono malata.»

«Prendile» insistette lui. «Ti faranno stare più tranquilla, fidati.»

«No.»

«Impazzirai senza di quelle.»

«Allora lasciami impazzire.»

Dopo qualche secondo di silenzio, Mavis si alzò in piedi e tirò un calcio al contenitore delle pillole. Si mise le mani tra i capelli cercando di calmare l'atroce mal di testa che la stava assillando.

Louis si sporse dalla finestrella. «Se avete finito di urlare potremmo spremerci le meningi su qualcosa di più utile, ad esempio un modo per uscire da quest'inferno.»

«Io ho qualche idea... ma preferisco parlarne a mensa» disse Zayn.

Con la fronte appoggiata contro la finestra, Mavis si dondolava sui talloni e ascoltava i suoi compagni.

«Dolcezza.» Sentì lo sguardo di Louis trafiggerle la testa. «Tu e 105 parlate, no?»

Lei alzò il capo corrugando la fronte. Annuì lentamente, fissando ogni muscolo facciale di Louis per cogliere il senso della sua domanda.

«Devi chiedergli cosa sa di questo posto: passaggi segreti, sotterranei... Qualunque cosa.»

«No» rispose Zayn. «Mavis non ci parla con quello.»

«Zayn, ci servono informazioni e sappiamo entrambi che lui può darcele.»

Zayn sbuffò e sbatté la mano contro la porta. Si girò verso di lei. «È l'ultima volta che ci parli, okay?»

Mavis strinse le labbra e non ribatté, limitandosi ad annuire. Sapeva che le stavano mentendo su qualcosa, e sapeva anche che non avrebbe mai rinunciato a parlare con Niall.

Poteva ancora sentire le sue parole riecheggiarle nella testa. Rabbrividì al ricordo della sua voce profonda.

'Avevo voglia di toccarti.'

Il suo tono, il modo in cui faceva battere la lingua contro il palato per pronunciare la T...

Si toccò il collo nel punto in cui le mani di Niall l'avevano sfiorata. Si morse la lingua scacciando dalla mente quell'immagine. «Oggi è il mio primo turno di corvée» proferì cambiando discorso e attirando l'attenzione su di sé.

Harry si schiarì la voce. «Dovrai pulire gli uffici del piano di sopra, lo facciamo tutti.»

«Cosa succede in quegli uffici?» In effetti non capiva che mansioni avessero da svolgere i funzionari che se ne stavano lì tutto il giorno.

«Organizzano le nostre cartelle, le guardano, le valutano. Quelli di noi più andati li trasferiscono negli ospedali psichiatrici, mentre alcune tute arancioni vengono mandate nelle carceri» spiegò Zayn.

Mavis annuì prima di chiudere la finestrella, stendersi sul letto e premere la faccia contro il cuscino. Serrò gli occhi e finalmente vide nero.

Era quello il colore che desiderava vedere. Tutto quel bianco la stava uccidendo.

Stufa, pensò che probabilmente avrebbe preso quelle pillole.

«Va bene se tu pulisci i vetri delle finestre e io mi occupo delle scrivanie?» chiese Mavis.

Francesca annuì, si avvicinò a una finestra e cominciò a passarci sopra il panno umido.

Le pareti degli uffici erano immancabilmente bianche, la sala era piena di scrivanie separate da pannelli divisori in plastica.

Mavis fece cadere gli occhi su una foto posta all'angolo della scrivania che stava pulendo. Ritraeva un uomo sulla trentina, sorridente, i capelli castani ben pettinati. Cingeva una donna alta e bionda.

Mavis sorrise osservando il bambino di pochi anni che si stringeva a loro con goffaggine, le guance pienotte premute contro il petto della madre.

Suo fratello era come quel bimbo: biondo e sempre allegro. Si disse che se non fosse tornata a casa presto, lui avrebbe finito per dimenticarla.

Un istante dopo fu distratta da Francesca che fece cadere lo spruzzino per i vetri sul pavimento. La ragazza borbottò qualcosa prima di tornare ai suoi movimenti circolari contro la lastra trasparente.

Mavis riportò l'attenzione sulla scrivania che aveva davanti. Allungò una mano verso i cassetti e aprì il secondo, trovandovi una pila spessa di cartelle gialle.

«Mavis, chiudilo immediatamente!» le sibilò Francesca. «Non devi toccare le cose dei dipendenti, è una regola.»

«Okay» rispose lei richiudendolo.

Mavis aspettò che Francesca si fosse allontanata e si chinò di nuovo ad aprire il cassetto. Tirò fuori i fascicoli e ne scorse rapidamente i dorsi con i nomi scritti a mano. Un sospiro le uscì dalle labbra quando lesse 'Niall Jenkins'.

Ripose gli altri fascicoli nel cassetto e si infilò rapidamente la cartellina sotto la felpa verde, fermandola con l'elastico dei pantaloni.

«Andiamo» le disse Francesca, incoraggiandola a uscire.

Quando arrivò il suo turno, Mavis allungò una mano verso il succo d'arancia.

«Sai, credo che quello alla pesca sia migliore.»

Mavis sobbalzò riconoscendo la voce roca di Niall. Girò leggermente il capo e osservò il profilo del ragazzo al di sopra della sua spalla. Spostò la mano per prendere il succo alla pesca e andò avanti nella fila.

«Il giovedì Kate fa sempre l'arrosto. È così buono.»

Mavis osservò i polsi arrossati di 105. «Oggi ci possiamo vedere?» gli chiese subito cambiando argomento.

Niall la fissò per alcuni istanti, poi fece scorrere lo sguardo per tutta la mensa. Nessuno li stava guardando. «E perché mai?» soffiò avvicinandosi.

Lei abbassò lo sguardo e prese del pane. «Devo chiederti un favore.»

Niall annuì e allargò le labbra in un sorriso. Le passò dietro la schiena. «Tutto ha un prezzo» le sussurrò prima di allontanarsi.

Quella era una cosa che lei aveva imparato da tempo.

10

Mislead

Poco dopo che le nocche di Mavis colpirono la porta, la finestrella della stanza 105 si aprì con un cigolio.

Due occhi azzurri la scrutarono mentre con le dita percorreva il numero impresso sull'anta.

«Ti aspettavo.»

Lei alzò gli occhi incrociando quelli di Niall, che prima di aprire la porta si sporse a scrutare il corridoio a destra e a sinistra per assicurarsi che non ci fosse nessuno.

Mavis entrò e si mise a sedere sul letto duro.

Giocherellò con l'orlo delle maniche verdi, poi guardò il ragazzo avvicinarsi. Lanciò un'occhiata sulla ciotolina accanto alla porta. Sul fondo di plastica giacevano due pastiglie.

Lei alla fine aveva ceduto, il dolore era insopportabile senza le medicine.

«Devi prenderle» gli disse indicandole con il mento.

Niall scosse la testa. «Non mi servono.»

«Sì, invece.»

Quando si piegò su di lei, appoggiando le mani ai lati

dei suoi fianchi, Mavis notò che i suoi occhi azzurri erano cerchiati di rosso.

«No, invece» sibilò Niall in risposta.

Lei sgusciò via da quella gabbia umana avvicinandosi alla porta. «Ho bisogno del tuo aiuto.» Approfittando di un attimo di distrazione, si chinò a prendere il contenitore delle medicine. Si fece cadere sul palmo le pastiglie e, senza farsi notare, se le infilò in bocca mettendole sotto la lingua.

«Dimmi.»

Si voltò a guardarlo. Era seduto, i gomiti appoggiati alle ginocchia. La tuta arancione leggermente scollata lasciava intravedere il petto color latte. Chissà da quanto tempo il suo corpo non entrava in contatto diretto con la luce del sole.

«Ho bisogno di sapere quante guardie ci sono di giorno e quante di notte, i loro turni e gli intervalli tra una ronda e l'altra» disse avvicinandosi e guardandolo dritto negli occhi.

«Tutto ha un prezzo» rispose lui.

«Sono disposta a pagarlo.»

Niall annuì spostando le braccia dietro la nuca. «Durante il giorno, i corridoi dell'ala Nord sono sorvegliati a intervalli regolari da due guardie. Tra una ronda e l'altra non passano più di quaranta minuti. Durante la notte, invece, dopo che dalla sala di controllo le ali Nord ed Est sono state isolate con la chiusura delle porte principali, la sorveglianza si concentra soprattutto sull'esterno, attraverso ronde e telecamere a circuito chiuso. In questa ala le ronde notturne sono solo due: alle 23 e alle 4 del mattino. Per il resto del tempo, le guardie se ne stanno nella sala di controllo. Il problema è che, a quanto pare, i turni stanno subendo delle modifiche. È necessario far passare un po' di tempo e osservare che piega prendono le cose.»

Mavis memorizzò le informazioni, poi con un movimento lesto si mise a cavalcioni su di lui, stringendogli i fianchi.

Niall la bloccò cingendole la vita. «Non è questo il tipo di prezzo che voglio che tu paghi.»

Mavis annuì con un pizzico di disagio. Capì di aver interpretato male la situazione. Gli appoggiò le mani sulle spalle e strinse tra le dita la tuta arancione. Socchiuse gli occhi e posò le labbra su quelle fredde di Niall.

Lui non si ritrasse, anzi le insinuò la lingua tra le labbra e il bacio si fece sempre più intenso. Mavis ne approfittò per passargli le due pastiglie.

Quando se ne accorse, Niall aprì gli occhi e cercò di staccarsi, ma lei sorridendo gli posò le mani sulle guance costringendolo a deglutire.

Lo sentì sussurrare: «Imbrogliona.»

Qualche minuto dopo, Mavis tornò velocemente nella sua stanza. Si chiuse la porta alle spalle e si gettò sul letto. Non poté fare a meno di pensare alle labbra ghiacciate e lisce di Niall.

Quando poggiò la testa sul cuscino, qualcosa sotto di esso scricchiolò.

Mavis imprecò, corse a sigillare la finestrella e tornò a sedersi sul letto. Infilò una mano sotto il cuscino e tirò fuori la cartellina gialla con su scritto 'Niall Jenkins'.

Un fremito di eccitazione la pervase. Presto avrebbe scoperto chi era quel ragazzo e perché indossava una tuta arancione.

Infilò l'indice tra le due alette gialle e chiuse gli occhi.

Dio, voleva sapere, eppure si sentiva in colpa, come se stesse per violare la sua privacy. Ma in fondo, in quale altro modo avrebbe potuto scoprire qualcosa su di lui?

Quando aprì la cartellina, rimase di stucco... Al suo interno c'era solo un foglio bianco, con due scritte al centro: 'Niall Jenkins, Mullingar.'

La delusione di Mavis si trasformò in un sorriso. Niall era riuscito ancora una volta a prendersi gioco di quel riformatorio.

11

Superhero

Lei era come il fuoco, indomabile. Ti faceva bruciare e non provava pietà per nessuno.

Intensa come la passione, ingannevole come la cospirazione, sublime come la disperazione, lei non aveva paura, guardava in faccia il suo nemico senza lasciarsi tentare dal passato.

Impassibile al mondo che le girava intorno troppo velocemente, ammirava come tutto e tutti la lasciassero indietro.

Così pura e peccaminosa sotto le sue labbra di rosa. Labbra ingannevoli, quel tipo di inganno che neanche le guerre vedranno mai.

Lei era meschina, armeggiava con i peccati capitali come fossero carte da gioco. Scommetteva su di essi e si lasciava comandare.

Era egoista, come la rosa che nasce e muore ancor prima di essere stata osservata dagli amanti indiscreti. Come il sole che tramonta quando qualcuno ha ancora bisogno di luce.

Era profonda e buia come una notte d'inverno, il cuore freddo pieno di ghiaccio. E di ghiaccio erano i suoi occhi, venati del nero che la possedeva da dentro, infettando il suo corpo come peste, uccidendo tutto al passaggio.

Lei era il bianco, intoccabile se volevi mantenerlo tale. Dopo un po' che la guardavi ti dolevano gli occhi per la sua bellezza.

Rifletteva i colori della vita senza assorbirli, priva di sfumature come il soffitto che stava fissando a braccia conserte, stringendo il suo petto vuoto.

Chiuse gli occhi prendendo un bel respiro e lo trattenne.

«Mavis, guardami!»

La ragazza si girò ridendo verso il bambino che giocava sul prato bianco. Si portò le mani coperte dai guanti davanti alla bocca: «Ehi, Killian!» Agitò un braccio facendogli segno di raggiungerla.

Il bambino biondo annuì e le corse incontro affondando nella neve a ogni passo. Si aggrappò al cappotto della sorella tirandolo verso il basso. «Lo so che hai già il mio regalo» le sussurrò prima di nascondere il viso cicciottello nella sciarpa di lana verde.

Mavis alzò gli occhi al cielo e prese dalla tasca un pacchetto rosso lucido. Lo agitò in alto e rise osservando il bambino che saltellava per afferrarlo. Poi lo abbassò e Killian glielo strappò di mano.

«Buon Natale» gli disse spostandosi una ciocca di capelli biondi dietro le orecchie.

Fissò la carta colorata cadere sulla neve mentre un urlo di gioia risuonava nel silenzio ovattato di quel mattino candido. «È bellissimo!»

Killian srotolò il tessuto, si legò i due lacci intorno al collo e si mise a correre in cerchio intorno a lei. Il mantello rosso svo-

lazzava nel biancore della neve. «Ora sono come Superman!» esclamò alzando un pugno al cielo.

Imitò il verso di un'arma da fuoco puntando Mavis, e quest'ultima fece finta di essere stata colpita scatenando la sua risata cristallina.

Poi il bambino si avvicinò lentamente, guardandola serio con i suoi grandi occhi azzurri. Le fece segno di piegarsi e lei lo fece. La cinse con le sue braccine, Mavis lo strinse forte a sé.

«Tu sei il mio supereroe preferito, Mavis.»

Piegò la testa di lato, stringendo gli occhi in due fessure. Una lacrima le attraversò il ponte del naso e le rigò la guancia, per poi terminare la sua corsa sulla federa bianca del cuscino.

Era tutto bianco. E lei aveva bisogno di nero.

Lo aveva trovato solo in una persona, e non aveva intenzione di rinunciarvi.

«Colazione!»

La porta della stanza si spalancò con un clangore metallico. Mavis si girò soltanto quando sentì la guardia allontanarsi.

«Andiamo, dolcezza» disse Louis appoggiato allo stipite della propria cella.

Lei si alzò sorridendo, uscì dalla stanza e insieme si incamminarono verso la mensa.

Vide Harry avvicinarsi a Louis e prenderlo per un braccio. Gli sussurrò qualcosa nell'orecchio.

«Cosa succede?» chiese Mavis.

Le persone li sorpassarono tornando a essere una grande macchia verde.

Notando gli sguardi tesi dei due ragazzi, Mavis si guardò intorno. Niall era fermo davanti alla stanza 105, la fissava con i polsi ammanettati.

Mavis posò gli occhi su Louis. «Dov'è Zayn?»
Harry deglutì passandosi una mano tra i capelli ricci.

Stese le dita cercando di separare i polsi legati dalla corda spessa, urlò sentendo un nuovo bruciore sullo zigomo destro. Sputò a terra assaporando il gusto ferreo del sangue.

«Fa male? Questo è quello che succede a chi cerca di fregarmi!»

Zayn chiuse gli occhi sospirando; era come se i polmoni si fossero ristretti. Fece a fatica un respiro profondo prima di sentire un nuovo pugno colpirgli l'addome. La sedia su cui era legato vacillò. L'uomo davanti a lui si tirò giù la manica della camicia bianca, allacciò il gemello del polso destro e si scrollò il sangue scuro dalla mano.

Zayn gli sputò in faccia.

L'uomo lo afferrò per il collo della felpa verde, sibilando: «Prova a scappare ancora una volta e ti taglio quella lingua di merda che ti ritrovi.»

Occhi scuri contro occhi scuri.

Zayn abbassò lo sguardo. Lo tenne fisso sulle sue gambe finché la porta della piccola stanza si chiuse con un tonfo sordo.

12

Past

20 Febbraio 2011

«Tu non hai capito!» Zayn strinse di più la presa sul colletto della divisa del ragazzo, schiacciandolo contro il muro giallo dell'edificio.

Lui cercò di fermarlo posando le mani sulle sue.

«Devi stare lontano da lei. Dimmi che lo farai» gli ripeté avvicinandosi al suo viso tumefatto.

Il ragazzo annuì.

«Dillo, Noah.» Le nocche gli divennero bianche. «Devi dirlo.»

Gli occhi di Noah guardavano oltre le spalle di Zayn, persi nell'immenso giardino che costeggiava l'edificio scolastico.

Schiacciato contro un muro ammuffito dal tempo, minacciato dal ragazzo più temuto della scuola, con i pugni più forti, la testa più dura e la mascella più contratta, per un secondo Noah si dimenticò anche del perché fosse lì. «Lo giuro» biascicò.

«Bene.» Una leggera nuvola di condensa uscì dalle labbra di Zayn. Il suo respiro era caldo come il suo sangue, infermo come la sua anima corrotta da promesse mai mantenute. «Se

ti vedo ancora a due metri da lei, sei morto.» Si allontanò di scatto lasciando cadere Noah sulla ghiaia.

Si girò incrociando le braccia al petto. Gli piaceva sentire scricchiolare il pietrisco sotto le suole di gomma. Portò una mano sul colletto della camicia bianca per allentare la cravatta blu e gialla. I colori della scuola. I colori della schiavitù.

«Lei non è tua» sussurrò Noah, cercando di alzarsi. «Io non la toccherò più, ma neanche tu dovresti.»

Zayn strinse il tessuto della camicia tra le dita. Il bianco faceva risaltare ancora di più la sua carnagione scura. «Tu invece dovresti stare zitto» ringhiò guardando Noah che si era messo a sedere.

«Andiamo, Zayn.» Ghignò. «Lo sanno tutti che non le piaci. Lei non ti vuole.»

Zayn gli puntò un dito contro stringendo i denti. «Tu non sai niente!» urlò frustrato. Lo afferrò di nuovo per il giacchino blu.

«Avanti, fallo!» lo istigò il ragazzo. «Ma non servirà a nulla! Anche se picchi tutta la scuola, lei non ti noterà mai!»

Il pugno di Zayn si abbatté con violenza su di lui. Noah girò la testa di lato e sputò un fiotto di sangue. Una chiazza rossa si formò sulla ghiaia insidiandosi nella terra umida.

«Lei mi ama!» urlò Zayn esasperato, continuando a colpirlo. «Lo so che mi ama!»

Non avrebbe mai dimenticato la prima volta che l'aveva vista. Era entrata a scuola dall'ingresso principale, le labbra tirate in un timido sorriso, i capelli talmente chiari da sembrare bianchi raccolti in una semplice coda, gli occhi da cerbiatta che si guardavano intorno con circospezione. Per mesi Zayn non aveva fatto altro che rivedere quel momento...

Da allora l'aveva seguita fino a casa ogni giorno, osservandola, memorizzando ogni dettaglio: in quale mano portava gli anelli, come si mordeva l'angolo del labbro inferiore quando era nervosa, il maglione blu che era solita annodare sulle spal-

le, la calza sinistra che le cadeva sempre giù dal polpaccio fino ad accarezzarle la caviglia sottile...

Fuori di sé, Zayn continuò a colpire il ragazzo. Si risvegliò solo quando delle braccia forti lo spinsero indietro, facendolo cadere.

«Campbell!»

La voce roca del preside era distante, Zayn percepiva solo il corpo di Noah steso a terra e la consapevolezza che forse lei non lo avrebbe mai amato.

18 marzo 2013

Afferrò il fermacarte dal tavolo e lo scagliò con violenza contro il ragazzo seduto sul divano. «Tu non crescerai mai!» urlò arrabbiata. Si passò le mani tra i capelli biondi tinti.

Lui la guardava impassibile.

«Mamma e papà lavorano giorno e notte per darci da mangiare, e tu sputtani tutti i soldi a quella merda di videopoker.»

«Sta' zitta, Ruth!» Il ragazzo scattò in piedi e con i pugni serrati si avvicinò alla sorella. «Lo so che fanno sacrifici, non è necessario che me lo dica tu. Quindi taci!» Si portò un dito davanti alle labbra.

La ragazza lo strattonò per un braccio. «Siamo sul lastrico, Liam! Non puoi più permetterti di fare cazzate. Devi chiudere con quella merda.»

Liam si tirò indietro sospirando. Non riusciva a smettere, era più forte di lui. Il gioco era diventato il suo cibo: dopo un po' che stava a digiuno si sentiva morire. E in quel momento neanche riusciva a guardare sua sorella. «Non dirmi cosa devo fare.»

«Te lo dico perché da solo non ci arrivi! È questo il punto. Se non ti dicono le cose, tu non ci pensi.»

Il ragazzo sollevò una mano. «Ruth, devi chiudere la bocca» biascicò arrabbiato.

«No, Liam, io parlo eccome. Tu non capisci...»
«Ruth.»
«Pensi solo a te stesso!» urlò ancora.
«Ruth.»
«Sei un'egoista.» Marcò sull'ultima parola.

Poi successe tutto in un istante, troppo corto per essere calcolato, troppo lungo per essere cancellato.

Liam si guardò intorno, la stanza era sparita. Il divano su cui era seduto pochi minuti prima era scomparso e con esso la cucina, e i quadri di sua madre. Anche il rumore era cessato.

C'erano solo lui e Ruth, si assomigliavano così tanto... I capelli mossi le ricadevano sulla schiena mentre lui avanzava e tendeva le braccia per avvolgerle le mani intorno al collo.

27 maggio 2012

Louis alzò la testa dal libro quando un pezzo di pane lo colpì in fronte.

«Ehi, King, quello non si sniffa.»

Strinse tra le dita il volume di matematica sentendo i ragazzi ridere. La mensa era piena di gente, il suo tavolo però era vuoto. Riprese la lettura da dove l'aveva interrotta, giocherellando con il cibo avanzato nel vassoio.

Un altro pezzo di pane colpì il suo libro. Louis si alzò di scatto guardando il tavolo da cui era stato lanciato.

Jake Hudsen, le braccia incrociate sul petto che coprivano il numero della sua divisa da football, lo fissava con un ghigno.
«Che c'è, Louis? Sei fatto e non sai più dove ti trovi?»

Altre risate. Louis sentiva solo questo dal primo anno di high school. Si svegliava e si addormentava con quelle risate malvagie.

Spinse il suo vassoio giù dal tavolo.

Tutto era incominciato quando lo avevano trovato nel ba-

gno dei maschi a farsi una canna. Nelle scuole pubbliche le voci circolavano velocemente. In pochi giorni lo avevano saputo tutti e nel giro di qualche settimana avevano iniziato a prenderlo di mira. Jake era stato il primo.

«Allora?» Ancora la sua voce, ancora la sua risata.

«Figlio di puttana» bisbigliò Louis.

Si sporse in avanti prendendo una forchetta che era scivolata dal vassoio finito a terra. Corse verso il ragazzo.

Nessuno poteva fermarlo. E nessuno lo fece quando spinse la forchetta dentro la coscia del giocatore di football.

Subito dopo si udì un urlo e Jake si accasciò sulla sedia.

Primo febbraio 2013

«Sì, piccola» gemette.

Strinse i fianchi della ragazza prima di aprire la bocca e abbandonarsi a un verso animalesco. Harry Baker non si era mai fatto problemi ad ammettere quanto gli piacesse il sesso.

Si lasciò cadere sulla poltrona rossa di velluto, strinse i denti e tirò la ragazza a sé quando quest'ultima si mosse più velocemente.

Si era chiesto spesso quanti uomini avesse ospitato quella sedia. Giovani, vecchi, sposati, divorziati, padri di famiglia...

Trattenne il fiato e rabbrividì, quando la sua stessa cinghia gli sfiorò una gamba. Ma se ci pensava bene non gli importava più di tanto, bastava che qualcuno gli procurasse piacere. Sul resto poteva anche sorvolare.

La stanza in cui stava ansimando era buia, le pareti erano foderate di nero, una lampadina rossa pendeva dal soffitto basso, una tendina di perline argentate copriva la piccola porta d'ingresso.

«Oh, dio» biascicò Harry. «Oggi è il mio compleanno, tesoro. Fammi un bel regalo.»

Lei sorrise. Harry scosse la testa, di certo non si aspettava di passare così il suo diciassettesimo compleanno, ma i suoi erano partiti per un viaggio di lavoro e lui si era dovuto arrangiare per festeggiare in solitudine.

Premette le mani sulla vita della mora sopra di lui e sollevò i fianchi. Il fiato gli morì in gola quando quest'ultima si spostò i capelli da un lato e incominciò a muoversi furiosamente.

Sentì dei brividi scuotergli il corpo, afferrò i braccioli della poltrona e li strinse come se fossero ossa da spezzare. Si liberò in un grugnito prima di ansimare con la testa appoggiata al velluto liso.

«C'è qualcuno?»

Sentì solo questo prima che dei fasci di luce illuminassero l'alcova attraverso la tenda di perline.

13

Limits

Mavis chiuse la porta dietro di sé e serrò la finestrella con uno scatto. I capelli biondi le scivolarono sul viso, ma non perse tempo a risistemarseli dietro le orecchie prima di girarsi verso il ragazzo coricato sul lettino.

Zayn teneva il braccio sinistro ripiegato sugli occhi chiusi, il destro cadeva stanco sull'addome dolorante.

Mavis abbassò le palpebre nel vedere le bende bianche stagliarsi contro la tuta verde.

Lui sollevò il braccio sinistro, aprì gli occhi e provò a mettersi seduto contorcendo la bocca in una smorfia.

La ragazza si avvicinò velocemente e si chinò su di lui. Lo guardò per qualche istante. I capelli scuri come la pece che ricadevano madidi sulla fronte, gli occhi scuri velati di dolore, le labbra schiuse gonfie e livide.

«Mavis» gemette Zayn.

Lei scosse la testa. «Sei stato un irresponsabile» ringhiò sedendosi contro una delle quattro pareti che li intrappolavano. «Non hai pensato alle conseguenze?»

«Non ci penso mai.» Il suo tono era grave e malinconico. Abbassò lo sguardo sulle lenzuola stropicciate per poi rialzarlo e incontrare quello di Mavis.

Quest'ultima si passò una mano tra i capelli, sospirando. «Saresti andato via senza salutarmi...» sussurrò.

Quando aveva saputo del suo tentativo di scappare da solo, era rimasta delusa. Non avrebbe mai immaginato che Zayn fosse capace di abbandonare i suoi amici al loro destino. Si sentiva tradita: si era fidata di lui ma alla prima occasione le aveva voltato le spalle.

«E i ragazzi? Saresti andato via senza di loro?» chiese Mavis alzando la voce.

Quando Zayn abbassò di nuovo lo sguardo, non ebbe bisogno di una risposta. Sì, se si fosse presentata un'altra occasione, lui avrebbe abbandonato tutti.

«Egoista» sentenziò lei alzandosi. Si stava dirigendo verso la porta quando una frase la congelò.

«Per te è solo questione di tempo, Mavis. Lo sanno tutti. Se Niall scappa, ti porta con sé. E se vuole, è l'unico che può fuggire da qui.»

Mavis trasalì e si girò per fissare il ragazzo. «Tu lo conosci, sai il suo nome.»

Zayn rimase impassibile.

«Non me l'hai detto! Tu lo conosci e non me l'hai detto!» urlò puntandogli contro l'indice. «E tutte le cose che dicevi su di lui, che era un mostro e che...»

«Certo che lo conosco!» rispose a tono Zayn. «È colpa sua se sono qui dentro.»

Si mise seduto sul letto. Un'altra smorfia si disegnò sul suo viso orientale quando piegò il busto e una fitta allo stomaco gli tolse il fiato per qualche secondo. Guardò attentamente Mavis, i capelli biondi scompigliati e indomiti, gli occhi spalancati.

Lei si coprì la bocca con una mano e abbassò lo sguardo. Poi lo rialzò per puntarlo su Zayn. «Come...» Gesticolò nervosamente. «Perché siete qua dentro?»

«Ti prego, Mavis» sussurrò lui con occhi vitrei. Scosse la testa per scacciare i ricordi.

«Zayn, dimmelo.» Lei addolcì il tono della voce e gli posò una mano sul ginocchio. Ormai era in quel riformatorio da quasi un mese, doveva sapere.

Zayn deglutì fissando il muro mentre Mavis gli accarezzava la gamba. Quel gesto dolce e familiare lo fece rabbrividire.

«Anche lei lo faceva sempre» commentò Zayn con un sorriso amaro guardando la mano di Mavis. «Era così bella.» Sospirò. «E così fuori dai miei limiti.»

Camminava a testa bassa per il quartiere, il mento attaccato al petto. I capelli erano schiacciati sotto il cappuccio della felpa blu mentre le mani non si schiodavano dalle tasche. Andava avanti così da giorni: si svegliava, urlava contro sua madre e usciva di casa per camminare.

Però quella sera, nei suoi passi, c'era qualcosa di più rabbioso. Un nuovo motivo si era aggiunto alla sua lista dell'odio. Forse erano anche le parole della sorella minore a farlo soffrire; gli ronzavano nella testa da ore, senza lasciarlo respirare. «Zayn, se tu te ne vai, chi ci pensa a me?» aveva piagnucolato Safaa tirandolo per la cintura dei pantaloni strappati.

Scosse la testa e il cappuccio gli scivolò all'indietro. La luce forte di un lampione gli colpì gli occhi. Li serrò stropicciandoseli.

Era come se fosse da giorni in uno stato di trance da cui niente e nessuno riusciva a svegliarlo. Si sentiva così da quando aveva visto Perrie tra le persone che osservavano il corpo privo di sensi di Noah. L'immagine dei suoi occhi delusi lo fece gemere. Poco dopo, Perrie se n'era andata e con lei quel poco che restava della serenità di Zayn.

Da allora non l'aveva più vista. L'aveva sognata e immaginata, ma non era la stessa cosa.

Nei ricordi il colore dei suoi capelli sbiadiva, la sua pelle lattea diventava scura, il suo sorriso si incupiva.

Si appoggiò a un palo arricciando le labbra e liberò un sospiro. La luce gli colpiva la testa e scendeva lasciva lungo il suo corpo fatto di tenebre.

Con un colpo secco aprì il lucido pacchetto di sigarette. Ci passò sopra il pollice prima di riporlo nella tasca e maneggiare la sigaretta tra le dita. Se la portò alle labbra facendo scattare la fiamma azzurra e arancione dell'accendino. Aspirò, distese il braccio lungo il fianco e sprigionò una piccola nube di fumo.

Attraverso essa notò due occhi che lo guardavano, grigi come le nuvole durante un giorno di pioggia.

Continuando a fissarlo, lo sconosciuto fece qualche passo verso di lui e inclinò la testa di lato. I capelli biondi gli caddero sulla fronte mentre un sorriso sinistro gli affiorava sulle labbra. «Questo è il mio palo» disse in tono sicuro e divertito incrociando le braccia al petto.

Zayn aspirò un'altra boccata guardando il palo. «Non credo che se ne possa possedere uno» rispose.

Il ragazzo biondo ridacchiò avvicinandosi ancora di più; sfiorò un punto del palo e Zayn si scansò.

«E invece sì.» Sospirò. «È proprio il mio» concluse.

Zayn fissò il punto in cui le dita del ragazzo si erano soffermate, lì dove un qualche oggetto appuntito aveva raschiato delle linee sovrapposte.

«Oh.» Il biondino si posò una mano sulla fronte come se si fosse appena ricordato una cosa importante. «Giusto.» Tirò fuori dalla tasca del giubbotto un mazzo di chiavi, prese la più piccola e tratteggiò un'altra linea.

Non erano molte, e Zayn riuscì a contarle. «Che cosa significano?» Buttò a terra la cicca.

«Niente di importante» rispose l'altro evasivo.

Zayn annuì, non si faceva i fatti degli altri.

«Ragazze?» chiese poi il biondino.

Zayn alzò un sopracciglio, non capendo la domanda.

«C'è solo un motivo per cui un ragazzo passeggia da solo, di notte.» Lo sconosciuto ridacchiò. «Ragazze.»

«Già» rispose Zayn ricambiando il sorriso.

Un'immagine di Perrie gli apparve sull'altro lato della strada: i capelli biondi che ondeggiavano nel vento, le braccia incrociate al petto, un maglioncino rosa pallido. La ragazza lo fissava preoccupata. «Vai via» gli disse a un tratto con espressione ferma.

A quelle parole, Zayn abbassò lo sguardo. Quando lo rialzò e non la vide più sentì una morsa allo stomaco. Perrie era sparita, come nella realtà, dopotutto.

«Io sono Niall» si presentò il ragazzo dagli occhi grigi. «E credo di avere quello che fa per te.»

14

Same eyes

«Quindi non sei qui per aver picchiato un ragazzo a scuola.»

Mavis gli accarezzò un braccio, i muscoli si tesero. Lui era forte, non ne dubitava.

«Non esattamente» biascicò.

«Ma non mi dirai il motivo» continuò la ragazza.

Zayn scosse la testa e rabbrividì quando le dita di Mavis gli sfiorarono la spalla scoperta. Aveva tirato su le maniche della tuta verde per trovare un po' di sollievo dal bruciore delle ferite. «No» rispose. «Non è una cosa di cui vado fiero.»

Mavis annuì e si alzò, sfiorando delicatamente lo zigomo livido di Zayn. Lui chiuse gli occhi lasciandosi accarezzare.

Era da anni che nessuno lo toccava. Provò a immaginare che quelle mani fossero di Perrie, ma non era la stessa cosa. Strinse un po' di più gli occhi.

«Come si chiamava?»

Zayn, sorpreso, sollevò le palpebre. Mavis fermò le dita sotto il suo mento ispido, scrutandolo.

«Perrie» rispose lui in un soffio. Abbassò lo sguardo malinconico e si portò le mani davanti al viso.

«Ti manca» disse lei.

Zayn annuì.

Mavis gli passò una mano tra i capelli neri prima di allontanarsi. Si incamminò verso la porta, ma si fermò di scatto quando un singhiozzo riecheggiò tra le quattro mura.

Quel suono le tolse il respiro: era così inaspettato e sbagliato sentirlo uscire dalle labbra di Zayn. Non si voltò. Avrebbe voluto urlare, fermarlo prima che le potesse spezzare il cuore. Un suono poteva essere potente, per lei era sempre stato così. I suoni rimbombavano nella sua testa come mille vetri rotti.

Due braccia la strinsero da dietro, intravide i capelli di Zayn mentre delle lacrime le macchiavano la tuta verde. Non sapeva cosa fare, ma poi spostò la testa per appoggiarla a quella di lui e posò le proprie mani sulle sue.

Il corpo di Zayn iniziò a dondolare in una danza lenta e malinconica, Mavis gli accarezzava i dorsi delle mani lasciandosi cullare.

Lui le sfiorò la clavicola con il naso, strofinandola delicatamente.

«Tu me la ricordi tanto» lo sentì sussurrare.

Mavis si girò lentamente, Zayn le prese il viso tra le mani. I suoi occhi erano rossi e umidi, le labbra schiuse e ansimanti per il pianto.

Lei lo guardò. Aveva lo sguardo perso di chi non trova pace, di chi è abituato a nascondere il dolore e mascherare le incertezze.

«Avete gli stessi occhi» mormorò Zayn.

Mavis sostenne il suo sguardo, sentiva che se lo avesse spostato, lui sarebbe crollato del tutto. Lo fissò avvicinarsi, irrigidendosi appena quando i loro nasi si sfiorarono.

Zayn sospirò toccando flebilmente le labbra di Mavis, poi posò il capo sulla sua spalla. La strinse in un abbraccio e si lasciò andare in un pianto pazzo e disperato, uno di quelli che solo un sano di mente poteva fare.

Mavis accarezzava i bordi della cartellina gialla, perdendosi nel foglio bianco.

La spalla era ancora umida delle lacrime di Zayn e la sua mente era attraversata da emozioni che non capiva, nuove e familiari allo stesso tempo.

Le tornò in mente una notte di tanti anni prima, una folle corsa in macchina verso l'ospedale, lei spaurita e ancora assonnata con addosso un pigiamino colorato e un orsetto tra le braccia, la madre singhiozzante al posto di guida, il padre che non parlava accasciato accanto a lei. Mavis all'epoca era solo una bambina, non aveva neanche sei anni, eppure quella scena stava affiorando nella sua mente, vivida come se fosse accaduta il giorno prima. Il modo in cui portarono via il suo papà appena arrivati al pronto soccorso era l'ultimo ricordo che aveva di lui, non l'avrebbe mai più rivisto.

Scosse la testa. Era tantissimo tempo che non ripensava a suo padre. Forse la sofferenza di Zayn le aveva fatto riemergere quel ricordo... Lui era stato il primo dei ragazzi che aveva visto crollare. E probabilmente, pensò Mavis, per gli altri era solo questione di tempo...

Strizzò gli occhi e fece scivolare le dita dall'angolo del foglio al centro, sulle tre parole leggermente in rilievo.

'Niall Jenkins, Mullingar.'

Perché c'era scritto così poco? E perché Niall era venuto in America dall'Irlanda? Era scappato da qualcosa? Quali erano le sue paure?

«Sono nato il 15 settembre del 1993.»

Mavis chiuse di scatto la cartellina e si alzò dal letto.

Niall era appoggiato alla finestrella, fissava il muro dietro di Mavis con aria assente.

«Sono stato espulso da due scuole prima di trasferirmi in America» continuò. Aprì la porta e se la richiuse alle spalle con violenza.

Mavis indietreggiò di un passo; era la seconda volta che in sua presenza provava una sensazione di disagio. Le venne la nausea, le mani iniziarono a tremarle.

«Ho un fratello più grande» continuò lui a denti stretti. I suoi passi puntavano dritti verso Mavis, i suoi occhi non vedevano altro. Le strappò la cartellina dalle mani. «Dove l'hai presa?» chiese spingendola contro il muro.

Mavis abbassò lo sguardo. «Negli uffici al piano di sopra» mormorò. Era inutile mentire.

«Cazzo, Mavis!» urlò Niall. «Credevo di potermi fidare di te!» La sbatté più forte contro il muro, era fuori di sé. «Non lo sai che qui i ficcanaso fanno una brutta fine?»

Mavis si sentì soffocare sotto la morsa di Niall. Vederlo in quello stato la spaventava.

«Te le devo insegnare io le buone maniere?» urlò ancora lui, alzando la mano che teneva il fascicolo e usandolo per colpirla sul viso.

Un colpo secco. Fortunatamente la carta non le tagliò la guancia. La faccia di Mavis si girò dal lato opposto.

Dopo, solo il silenzio.

Si voltò a fissarlo e strinse i denti prima di premere le mani contro il suo petto per allontanarlo.

Niall fece cadere la cartellina a terra e le prese il viso tra le mani.

Mavis serrò gli occhi, mentre quelli di lui rimasero spalancati. Spaventati. Le accarezzò la guancia colpita, la tirò a sé e la strinse forte.

15

Beauty in the pain

La sua mano le accarezzò i capelli biondi, per poi scendere lungo il collo e fermarsi sulla spalla.

«Scusami, non volevo... Non so cosa mi sia preso. Sei così diversa dalle altre persone, sembra che tu non abbia paura di me.» Niall parlò quasi sussurrando per non spezzare quel filo sottilissimo che li aveva connessi.

Mavis annuì contro il suo petto, stropicciandogli la felpa arancione. Non era difficile capire perché lui fosse lì, in quel riformatorio. Il suo umore cambiava così velocemente.

Niall si staccò lentamente dall'abbraccio, le sistemò una ciocca di capelli dietro l'orecchio e si allontanò per raccogliere il foglio che era caduto dalla cartellina. Lo strinse in una mano e tornò da lei.

«Lo giuro su Dio,» soffiò Niall a denti stretti «usciremo di qui.»

Lei rise canzonandolo, incrociò le braccia al petto e si appoggiò al muro. Trattenne il fiato quando le parve di vedere Killian seduto sul letto della cella. Era quasi trasparente, ma era proprio il suo fratellino, ne era sicura, intento a giocare con le sue costruzioni.

Mavis strabuzzò gli occhi. Non impazzire, si disse imponendosi di tornare in sé.

Il bambino puntò lo sguardo su di lei. *«Smettila di essere cattiva»* la rimproverò. *«Lui vuole portarti via da qui, così potrai tornare da me.»*

Killian si alzò dal letto senza smettere di fissarla. Lei annuì come stregata, poi, all'improvviso, la visione sparì.

Mavis scosse la testa. Maledizione, era tutta colpa di quelle fottute medicine...

Niall era davanti a lei, teneva gli occhi chiusi.

«Dio?» chiese Mavis riprendendo il controllo della situazione. «Dio si è scordato di quelli come noi molto tempo fa, Niall.»

«Non credi in Dio?»

«Non credo nelle cose che non vedo.»

«L'amore non lo vedi.»

Mavis si spostò dal muro. Si strofinò le maniche della tuta verde per riscaldarsi. «Non ho mai detto di crederci» rispose cupa.

Gli occhi di Niall furono attraversati da un lampo, si passò la lingua sul labbro inferiore prima di ribattere: «Neanche l'odio.»

Mavis alzò le spalle. «Non credo neanche in quello. È difficile da spiegare... Non sono brava a capire i sentimenti...»

Lui le prese una mano, intrecciando le proprie dita alle sue, e se la portò sulla spalla. Poi le cinse i fianchi e la tirò a sé, lentamente.

«Ma credo in te,» continuò lei «nel tuo tocco, nei tuoi occhi così reali. Tu sei reale, tu esisti.»

Il ragazzo storse il viso, muovendo le dita contro la

maglia verde di Mavis. «Baciami» sussurrò. «Voglio avere anche io qualcosa di reale.»

Mavis gli accarezzò la spalla risalendo lungo il collo. Per la prima volta, mentre Niall la toccava, non avvertiva alcun senso di stanchezza. Quella richiesta l'aveva svegliata, l'aveva fatta fremere, suscitandole una tensione simile al nervosismo.

«Io sono il dolore, Niall» disse sfiorandogli la mascella. Lui si irrigidì sotto il suo tocco.

«Allora ho trovato la bellezza nel dolore.» La strinse più forte a sé.

Lei lo fissò per qualche secondo.

«Ti prego» sussurrò Niall.

Mavis si alzò in punta di piedi e lo baciò. Poi si staccò leggermente da lui per guardarlo, ma con un movimento rapido Niall le cinse nuovamente i fianchi e riposò le labbra sulle sue.

Le loro bocche s'incontrarono con furia. Mavis poteva sentirlo sulle proprie labbra, poteva assaporarne il sapore, aspirare il suo odore. Lui era lì. E le sembrava la cosa più reale mai vissuta prima.

«Mangia.»

Mavis ridacchiò e prese il cucchiaio in mano. Lo fece roteare tra le dita per poi infilarlo nella minestra e portarlo alla bocca.

Niall sorrise e spostò il proprio piatto vuoto. «Brava principessa» la elogiò.

Lei arrossì appena mentre si girava per lanciare un'occhiata nella sala mensa. Rispose a un cenno di saluto di Zayn e riportò gli occhi su Niall.

«Niall, perché sei andato via dall'Irlanda?» chiese.

«Mia nonna era del Maryland, e quando è morta ha lasciato un appartamento per me e mio fratello. E così abbiamo deciso di cambiare aria» rispose con voce rilassata.

«Quanto tempo fa hai conosciuto Zayn?»

Niall si irrigidì. Si spostò sulla sedia sotto lo sguardo colmo di disprezzo di una delle guardie che lo scortavano. Nessuno accettava il fatto che parlasse solo con Mavis.

«Allora te l'ha detto» mormorò.

Lei annuì.

«Eravamo all'ultimo anno di high school» farfugliò. «Lui era nei guai, e io l'ho... distratto.»

Mavis si sporse in avanti. «Cosa facevate insieme?»

Niall strinse gli occhi e si alzò di scatto dalla sedia. «Hai fatto troppe domande.»

Con un'espressione fredda e distaccata, fece un cenno alla guardia, che lo prese per il gomito e lo scortò fuori dalla mensa.

Mavis lo guardò andare via, impassibile.

16

Fault

Accarezzava il bordo della finestrella passando il polpastrello tra le rifiniture di metallo. La testa era appoggiata al braccio mentre gli occhi vagavano nella stanza su cui vegliava. Le sue pupille guizzarono da un piccolo particolare all'altro, su ogni piega del lenzuolo che copriva il corpo minuto rivestito di verde.

Alcune notti le trascorreva così, standosene sveglio a rimuginare su quale fosse la cosa giusta da fare. A volte sperava solo di crollare. Cosa non gli faceva chiudere gli occhi? Forse la consapevolezza che stava marcendo in una cella, marchiata dal numero 105. Aveva trovato 105 motivi per andarsene e solo uno per restare. Smise di muovere le dita, sospirando; lei si era girata nel sonno, regalandogli una vista perfetta del suo viso. Non sapeva perché, ma quella notte aveva realizzato che Mavis aveva cambiato la sua percezione di sé stesso e della propria vita.

Niall chiuse gli occhi. Dei piccoli flash lo attraversarono, ricordi delle sue labbra e dei suoi gesti che lui conosceva ancora così poco. Alzò la testa, si tirò su le maniche della tuta fino ai gomiti. Quella notte il sonno gli aveva voltato le spalle come un traditore, lo aveva guardato da lontano rivolgendogli una smorfia disgustata.

Tornò a fissare Mavis. Sembrava di cristallo, intoccabile ma invitante.

Inspirò quando sentì uno spostamento d'aria dietro di sé. Un odore forte lo investì, non riusciva a comprendere come, dopo quattro anni, Zayn riuscisse ancora a puzzare di fumo.

«Lei non deve saperlo» sussurrò Niall voltandosi.

Zayn era appoggiato alla parete opposta, teneva i piedi incrociati tra loro, i pantaloni gli cadevano molli lungo i fianchi magri. Alcuni lividi erano ancora visibili sul suo viso, come un avvertimento per gli altri ragazzi dell'istituto.

Niall guardò ancora per un secondo all'interno della stanza; Mavis era stesa sul letto come una dea. Così inoffensiva ma allo stesso tempo letale.

«Che c'è? Hai paura?» Zayn sorrise beffardo. «Temi che possa voltarti le spalle? Che se dovesse sapere di cosa sei capace potrebbe scappare senza di te, e starti lontano per sempre? Che piano hai in mente per lei, Niall?»

Niall lo prese per il colletto della maglia. «Devi stare zitto. Io voglio che lei venga via con me perché è l'unica che è finita in questa merda di posto ingiustamente. Per nessun'altra ragione» soffiò.

Zayn si liberò dalla sua presa e si sistemò la maglia.

Niall strinse le mani a pugno, mentre un'immagine del passato gli riaffiorava alla mente. Stare tre anni in un riformatorio non faceva altro che aumentare i ricordi, renderli più vividi e chiari ai suoi occhi.

Uscì dalla stanza passandosi una mano tra i capelli sudati, sospirò soddisfatto ed entrò in cucina lanciando un pezzo di corda sul tavolo.

Zayn alzò lo sguardo dal fumetto che stava leggendo e sorrise. «Cosa le hai fatto?» Prese una cima della corda e iniziò a giocherellarci.

Niall si piegò davanti al frigo, tirò fuori una bottiglia d'acqua e se la portò alla bocca. Poi stirò le labbra in un sorriso, sottolineando il rossore delle guance affaticate. Non gli rispose.

Zayn annuì. Si girò di scatto verso il corridoio quando sentì il rumore di una porta che sbatteva e un lamento. Si alzò, lanciando il suo giornalino sul lavello della cucina. «Vado io» disse prendendo la corda dal tavolo. Rivolse uno sguardo a Niall, quindi abbassò il viso e scomparve nel corridoio.

«No» disse convinto, alzando una mano verso l'alto. «Lei non deve sapere nulla, niente.»

«Come vuoi.» Zayn scrollò le spalle facendo qualche passo. «Come intendi procedere?»

Niall incrociò le braccia al petto. «Devo farla uscire di qui, con o senza di me.»

L'altro si voltò a guardarlo storcendo la testa. «L'aiuteremo io e i ragazzi» propose. «Ma sai bene cosa potrebbe succedere se Marcus dovesse scoprirlo.»

Niall alzò gli occhi su Mavis, era ancora sdraiata da un lato con gli occhi chiusi.

«Mi prenderò io la colpa.» Non spostò lo sguardo dalla ragazza. «Tanto sono destinato a marcire in questo posto.»

Zayn annuì prima di scomparire oltre la soglia della sua stanza.

L'acqua le bagnava i capelli diramandosi in piccole goccioline che le ricadevano lungo la schiena. La sua doccia era divisa dalle altre solo da due muretti ricoperti di piastrelle. La tenda che aveva davanti era leggermente opaca. Chiuse gli occhi beandosi di quella sensazione di purezza per qualche secondo. Il getto era basso, ma non così tanto da costringerla a chinarsi. Si passò un'ultima volta la spugna sul collo prima di riaprire gli occhi e uscire dalla doccia. Si fasciò in un asciugamano e camminò verso lo spogliatoio.

«Mavis.»

Si girò, tenendo in mano la maglia verde.

Francesca aveva i capelli corti ancora umidi dalla doccia e un sorriso timido che le ornava il viso pallido. Le occhiaie erano diminuite. «Possiamo parlare?» chiese un po' in imbarazzo. Erano sole nello spogliatoio.

Mavis annuì.

«Ho visto che parli con 105» iniziò Francesca. «Ti ha fatto del male?»

Mavis spalancò gli occhi. «No! Perché dovrebbe?» chiese interdetta.

«Lui non ha mai parlato con nessuno, mai. E all'improvviso siete quasi... amici.»

«Non siamo amici, abbiamo solo scambiato quattro chiacchiere.»

Francesca si rilassò, il suo sguardo si addolcì. «Bene, mi preoccupo soltanto per te. Sei l'unica amica che ho.»

Mavis alzò lo sguardo su di lei e sorrise vedendola sollevata. «Perché sei qui?» le chiese a un tratto.

Francesca respirò profondamente guardandosi intorno. Si sedette su una panchina di legno e cominciò a disegnare con i piedi nudi cerchi sulle piastrelle umide.

17

Afraid

Francesca incrociò le braccia al petto. Il caschetto moro dondolò avanti e indietro quando mosse la testa. «Ti sembro una persona cattiva?»

Mavis alzò un sopracciglio. Quella ragazza poteva sembrare tutto tranne che una persona cattiva. I suoi occhi scuri così profondi e limpidi non potevano contenere segreti. Le sue spalle erano troppo ricurve e minute per risultare intimidatorie.

«No» rispose sinceramente. Spostò il peso su una gamba, in attesa di una mossa di Francesca che, seduta davanti a lei, continuava a muovere il piede contro il pavimento, quasi fosse un rituale.

«Non lo sono infatti, credimi.»

Lei annuì, le credeva davvero.

«Mi sono soltanto trovata nel posto sbagliato al momento sbagliato» aggiunse Francesca in un sussurro.

Mavis le fece segno di continuare.

«Ho vissuto in Italia fino a due anni fa. Appena arrivata nel Maryland era tutto così nuovo per me... Mi sentivo sola, non so se puoi capire cosa si prova a non avere nessuno su cui fare affidamento.»

Mavis annuì lentamente. «Perché ti sei trasferita in America?» domandò.

«Volevo cambiare vita, e così ho dato fondo a tutti i risparmi che avevo messo da parte negli anni e mi sono trasferita qui» spiegò. Il suo sguardo si spostava da una parte all'altra della stanza bianca. «Poi ho conosciuto Patrick, ed è cambiato tutto...»

Mentre raccontava teneva una mano sul ginocchio, stringendo ogni tanto la stoffa verde della tuta. La luce a neon la faceva sembrare più pallida e malnutrita, i suoi occhi apparivano più scavati.

«Lui manipolava le persone, Mavis» sospirò. «Non ho mai conosciuto un uomo tanto sicuro di sé quanto lui. Quando scoprii che si drogava sapevo di doverlo lasciar perdere...» Abbassò la testa, come se la stessero sgridando. «Ma non l'ho fatto» concluse.

Mavis le andò incontro, tendendo le braccia in avanti per abbracciarla.

Francesca ricambiò la stretta e si lasciò andare a un pianto silenzioso tra le sue braccia. «A un certo punto ha avuto dei problemi con il suo pusher,» continuò «e quando la polizia è venuta a prenderlo ci sono andata di mezzo anch'io.»

«Stai tranquilla» sussurrò Mavis. Le accarezzò la schiena prima di allontanarla delicatamente per guardarla negli occhi.

Ovviamente non poteva capire come si sentisse; in quel riformatorio ognuno aveva provato un dolore diverso, ognuno aveva la sua storia, più o meno drammatica. Lei non riusciva nemmeno a giudicare la propria, non avrebbe saputo dire se la sofferenza che provava fosse acuta oppure no.

«Io lo amavo, Mavis, ma adesso non mi interessa neanche sapere se è vivo o morto» ammise Francesca.

Mavis cercò di consolarla come poté, stringendola di nuovo tra le sue braccia. Le parole, invece, sembravano inutili.

Uscì dalla sala delle terapie di gruppo e si incamminò verso il corridoio. I suoi occhi azzurri si soffermavano su ogni mattonella, studiandola a fondo, come se in esse potesse trovare qualcosa, un'uscita, una salvezza.

Le sue scarpe rimbombavano gravi contro il pavimento. Le sembrava di avere le spalle più pesanti, di trasportare su di sé le storie e i tormenti delle persone che la circondavano. Era come se all'improvviso un enorme macigno si fosse posato su di lei e attendesse solo che cedesse, che cadesse a terra esalando il suo ultimo respiro.

Killian apparve accanto a lei. Le camminava di fianco, saltellando e facendo volteggiare il suo mantello rosso. Capitava sempre più spesso che il fratellino le tenesse compagnia. La prima volta che Killian le era apparso, per lei, che non era neanche abituata a sognare, era stata un'esperienza sconvolgente, aveva creduto di impazzire... Ma poi aveva imparato a convivere con quella che ormai riconosceva come una proiezione immaginaria dei suoi pensieri e a considerarla, quasi un sintomo di guarigione, come sostenevano i medici.

«*Perché hai paura?*» chiese lui.

Gli occhi piccoli e vivaci del bambino erano fissi sulle sue scarpe colorate. Ogni tanto si fermava, spalancava le braccia e scattava in una breve corsa per vedere il mantello svolazzare. Quindi si fermava e aspettava che la sorella lo guardasse.

«*Non ho paura*» si difese Mavis.

Killian incrociò le braccia sopra la maglietta blu e alzò un sopracciglio.

Mavis ridacchiò. Da piccola riusciva a fare la sua stessa espressione. Le era impossibile arrabbiarsi con lui, non ci riusciva neanche sua madre. Mavis pensava spesso a lei, sperava che Killian la aiutasse a rimanere con i piedi per terra, a non impazzire di dolore. Dopo la morte del secondo marito – il papà di Killian – non si era mai ripresa. Trascorreva le nottate a piangere e Mavis temeva che il nuovo dolore che lei le stava dando le avesse inferto il colpo finale.

«*Sì, invece*» urlò il bambino correndo attorno a Mavis mentre quest'ultima camminava lungo il corridoio. «*Hai paura di due cose*» precisò.

«*Quali sarebbero?*»

«*Uno.*» Il bambino sollevò l'indice. «*Di Niall.*»

Mavis chiuse la mano intorno al dito del fratello per poi chinarsi sulle ginocchia e guardarlo dritto negli occhi. Il suo mantello stava per cadere. Mavis prese i due lacci rossi e li legò di nuovo.

«*Non ho paura di Niall.*»

«*Hai paura di quello che può farti.*»

«*Non mi farebbe mai niente*» ribatté mentendo. Le aveva già fatto qualcosa.

«*Non sto parlando di male fisico*» precisò Killian ricominciando a correre non appena lei si alzò in piedi. «*Hai paura che lui possa cambiarti, in qualche modo. Che possa farti scoprire parti di te che non conosci.*»

«*Hai cinque anni, Killian, non sai di cosa stai parlando*» lo rimproverò.

«*Sono nella tua testa, penso quello che pensi tu. Solo che io le cose te le dico in faccia. Sono soltanto il frutto della tua immaginazione, Mavis*» chiarì il bambino.

Dette con un tono infantile, quelle parole facevano ancora più effetto. Mavis alzò lo sguardo verso le lampade.

«*Lo so.*»

Sapeva anche altre cose... Sapeva che Killian aveva ragione. Sapeva che il pensiero della bocca di Niall sulla propria le faceva piegare in due il corpo per il dolore. Perché lui era tutto quello da cui lei si era tenuta alla larga.

«Due, i ricordi» aggiunse Killian. Prese nella piccola mano un lembo del mantello, se lo avvolse intorno al corpo e si appoggiò alla porta della camera 114.

«I ricordi?» chiese Mavis.

«Sbaglio o non ricordi più il viso di Thomas?» sussurrò il bambino.

La ragazza si passò lentamente le mani tra i capelli. Avrebbe voluto scappare, fuggire lontano da Killian, ma sarebbe stato inutile.

«Non pensi mai a lui, non hai nemmeno più pronunciato il suo nome... Eppure nell'aula del tribunale l'hanno ripetuto così tante volte...»

Mavis guardò Killian; sembrava calmo, mentre lei era così turbata... Quel nome poteva farla crollare e annientarla per ore, giorni. Quel nome l'aveva chiusa in quel riformatorio. Quel nome l'aveva quasi uccisa.

18

Dark

Un urlo squarciò il silenzio della notte e Mavis spalancò gli occhi. Aveva le gambe intrappolate tra le lenzuola, il suo petto si alzava e si abbassava freneticamente. Sbatté le palpebre quando sentì un tonfo, seguito da un urlo così profondo da far tremare l'edificio.

Si spostò i capelli dietro le orecchie, si alzò e si avvicinò a tentoni alla finestrella. Dal corridoio proveniva una luce fioca. Aprì la porta, cercando di non fare rumore.

«Basta!!!»

Appena riconobbe la voce di Niall, Mavis scattò fuori dalla stanza. Si accigliò quando notò due guardie davanti alla porta 105. Fece un passo indietro e tornò a nascondersi nella propria cella.

Niall urlò più forte. Lei si portò una mano alla bocca. Quell'urlo non era di dolore, era un invito a perdere la testa, era il lamento di chi aveva perso ogni speranza.

Mavis voleva vederlo, doveva fargli sapere che lei era lì, che non era solo. Si decise a uscire di nuovo dalla cella, sperando che nella penombra nessuno avrebbe notato la sua tuta verde. Essere scoperta non le faceva paura per la punizione che le avrebbero inflitto, ma piuttosto per le spiegazioni che avrebbe dovuto dare sul perché la porta della sua cella non fosse chiusa a chiave. Avrebbe rischiato di privare i ragazzi dell'unica libertà che avevano e di mandare all'aria il loro piano di fuga.

Guardò la porta chiusa della stanza di Zayn; i lividi sul suo volto non erano ancora spariti. Si chiese che razza di persona potesse ridurre un ragazzo in quelle condizioni senza sentirsi un mostro.

Un altro urlo la distolse dai suoi pensieri. «Vi prego!» tuonò Niall.

Mavis vide le due guardie entrare nella stanza 105 e trattenne il respiro fin quando non uscirono. Si muovevano a scatti, tenendo per le braccia Niall che si agitava furiosamente. Lo guardò puntare i piedi sul pavimento e poi lasciar cadere il corpo all'indietro; le due guardie lo sollevarono violentemente da terra.

Mavis si premette la mano sulla bocca per impedirsi di urlare. Si sentì impotente e tradita da sé stessa quando i suoi piedi non si mossero dal loro posto. Osservò le guardie in divisa portare via Niall come fosse un sacco d'immondizia. Lui adesso emetteva solo lamenti fiochi, sembrava stanco di lottare.

Non appena girarono l'angolo lei chiuse gli occhi e si accasciò a terra. Sentì un ultimo straziante urlo di Niall in lontananza: «Vi prego, non fatele del male!», poi solo il silenzio.

Mavis si portò le gambe contro il petto, appoggiò la testa sulle ginocchia, e lasciò che le lacrime le bagnassero i pantaloni della tuta.

Nella luce quasi inesistente del corridoio, il verde sembrava nero, tutto quel bianco non la assillava più, e l'oscurità riusciva almeno a darle un po' di pace.

Alzò il viso per osservare il buio che avvolgeva il suo

corpo magro. Una mano le sfiorò delicatamente la guancia. Aveva riconosciuto l'odore di Zayn da minuti, ma non si era girata a guardarlo.

«Mavis» sussurrò lui con voce roca.

Le mani di Zayn le accarezzarono le spalle, poi la presero da sotto le ascelle tirandola in piedi. Mavis non oppose resistenza e appoggiò la testa nell'incavo del suo collo.

Un urlo in lontananza le fece stringere la maglia di Zayn tra le dita.

Lui le posò una mano sulla schiena. «Stai tranquilla» sibilò strisciandole la guancia ruvida contro la tempia e guidandola nella sua stanza.

Mavis strinse gli occhi e lasciò che le braccia forti del ragazzo la posassero sul materasso. Sentì la mancanza del suo tocco quando Zayn si separò da lei, ma si rilassò non appena le molle della rete cigolarono sotto un nuovo peso.

Lui si stese accanto a lei e la abbracciò.

Un altro urlo.

Mavis gemette.

«Guardami, Mavis» la pregò Zayn, accarezzandole i capelli. «È tutto finito. Devi stare calma e riposare.»

Mavis annuì, riappoggiando il capo contro il suo corpo. «È lui? L'uomo che gli sta facendo del male è lo stesso che l'ha fatto anche a te?»

«Sì.»

«Perché?»

«Non gli piacciono le persone che non seguono le regole» spiegò Zayn in tono calmo.

«Niall non ha fatto niente» singhiozzò Mavis alzando gli occhi gonfi di lacrime verso Zayn.

«Respira lentamente» la supplicò. Zayn non poteva vederla ridotta così, ne aveva abbastanza del dolore.

«Chiudi gli occhi e prova a riposare. Io resto qui con te.»

«Se le guardie ti trovano qui domattina...» Le parole le morirono in gola.

«Per quell'ora me ne sarò andato» la rassicurò accarezzandole le spalle.

Lei sentì un altro urlo di Niall e schiacciò con forza il viso contro il petto di Zayn. «Basta! Ti prego, falli smettere!»

«Mavis, è tutto finito.» La strinse forte tra le braccia.

Lei continuò a piangere, in silenzio, mentre l'abbraccio protettivo di Zayn la fece lentamente addormentare, tra le urla immaginarie di un ragazzo in tuta arancione.

«Colazione!»

Mavis sbarrò gli occhi quando la porta della stanza sbatté contro il muro.

«Dolcezza, alzati, è ora di andare.»

Sollevò lo sguardo verso Louis che le sorrideva comprensivo. Anche lui doveva aver sentito le urla.

Si alzò in piedi e sentì le gambe pesanti. Fece un cenno al ragazzo prima di superarlo e camminare a passo svelto lungo il corridoio. La sua mente era chiusa, gli occhi fissi sulla massiccia porta della mensa.

Quando entrò nella sala e vide la tuta arancione seduta al solito tavolo, sentì finalmente i polmoni dilatarsi in un respiro profondo. Niall le dava le spalle, aveva i polsi ancora ammanettati. Ma tutto il suo sollievo svanì quando lui si voltò a guardarla mostrandole il viso martoriato contratto in una smorfia di dolore. L'occhio e la guancia destra lividi e tumefatti, il labbro inferiore spaccato.

Mavis si avvicinò lentamente al suo tavolo, e si sedette accanto a lui senza togliergli mai lo sguardo di dosso.

«Mi dispiace» sussurrò. «Non ti chiederò più niente sul tuo passato, ma ti prego non essere arrabbiato con me.»

Niall spalancò gli occhi, subito dopo scosse la testa. Posò le mani ammanettate sulla gamba di Mavis, accarezzandola. «Non sono arrabbiato con te» le disse in un orecchio.

Lei gli avvolse le braccia intorno al collo.

«Che poi, in teoria, la rabbia non la puoi vedere, quindi non esiste» la prese in giro.

Mavis ridacchiò, scrutandolo in volto. Gli accarezzò la guancia sana, poi lo abbracciò. «Cos'hai fatto?» chiese intimorita.

«Ho provato a forzare la finestra esterna della mia stanza» rispose. «E lui l'ha visto.»

«Lui chi?»

«Il direttore, Marcus.»

Mavis alzò la testa, annuendo. Ora non ci voleva più pensare. Adesso che Niall era davanti a lei e non urlava, sembrava tutto più normale.

Anche se di normale in quel posto non c'era niente.

19

Margaret

«Sapete a cosa servono questi incontri?»

La donna dai capelli biondi camminava tra i ragazzi seduti in cerchio intorno a lei. Teneva le mani giunte dietro la schiena, il caschetto liscio dondolava al ritmo dei suoi passi.

Fece una smorfia quando nessuno rispose, sistemandosi il colletto della camicia bianca che le fasciava il busto sottile. Si schiarì la voce.

«Servono a conoscersi, ad aprirsi con le altre persone.»

Mavis, seduta a braccia conserte, passava in rassegna tutti i presenti. Francesca non c'era, e lei non conosceva nessuno. Alcuni di loro sbadigliavano, altri seguivano con malcelata eccitazione i movimenti sinuosi della donna.

«Il mio nome è Margaret, ma per voi sarò miss Kannet.» Le sue labbra dipinte di rosso si stirarono in un sorriso finto. Fissò i ragazzi uno a uno, alcuni sussultarono, altri arrossirono. Altri ancora, come Mavis, stavano pensando a un modo per uscire da lì.

Margaret era una donna formosa; i suoi fianchi non

più giovanissimi ondeggiavano nel tubino stretto. Si sistemò una ciocca di capelli dietro l'orecchio.

Quando Mavis alzò la mano, tutti gli sguardi si soffermarono su di lei.

Margaret fremette sui suoi tacchi. «Sì, miss...?» La indicò con aria interrogativa.

«Mavis Holmes» rispose lei abbassando il braccio.

Il sorriso della donna si allargò. «Mavis, certo» commentò, come se sapesse già il suo nome. «Dimmi.»

«Dov'è finita la signora Hollis?»

«Si è dovuta trasferire in un altro istituto.»

Mavis guardò Margaret con un cipiglio. Nonostante non amasse le sedute di terapia di gruppo, la paffutella signora anziana le stava simpatica. Forse era una delle poche persone in quel posto che Mavis non riteneva malvagie.

«Bene, ragazzi. Chi di voi vuole raccontarci la sua giornata?»

Mavis spostò lo sguardo sul ragazzo che aveva alzato la mano.

«Io sono Nick» mormorò svogliatamente il tipo dai capelli rossastri. «Sono qui da sette mesi e prima vivevo in Georgia.»

Margaret annuì in modo vigoroso prendendo posto nel cerchio formato dai ragazzi. «Molto bene, Nick. Raccontaci la tua giornata.»

Il ragazzo si passò una mano tra i capelli. Chiuse gli occhi e borbottò: «Alle nove le guardie ci hanno chiamato per la colazione. Alle dieci sono andato nell'ala Ovest per seguire il laboratorio di bricolage, poi ho pranzato, ho preso le pillole e sono venuto qui.»

Margaret sorrise e annuì, scuotendo il caschetto biondo. «Qualcuno sa dire perché la giornata di Nick è stata così tranquilla e serena?»

Seguì un silenzio lungo e imbarazzante finché una ragazza dai capelli color mogano alzò la mano. «Perché ha preso le pillole?»

«Esatto!» esultò Margaret.

Mavis la osservava irritata. Trovava fastidioso il modo in cui miss Kannet enfatizzava i suoi stupidi discorsi senza senso.

«Se Nick non avesse preso le sue pastiglie, si sarebbe sentito triste e probabilmente arrabbiato. Ecco perché è importante che prendiate le vostre medicine.»

Mavis sorrise e abbassò lo sguardo al pavimento. Imbrogliona, pensò ripetendo la parola che Niall le aveva rivolto quando lo aveva costretto con un sotterfugio a prendere le medicine. Sorrise nel ricordare il modo in cui le aveva cinto la vita, guardandola di sottecchi con un sorriso furbo e stupito.

Pensava spesso allo strano senso di quiete che provava quando Niall la sfiorava. Ogni volta che lui la toccava, Mavis desiderava soltanto chiudere gli occhi, appoggiarsi alla sua spalla e riposare respirando il suo profumo.

Lui sapeva di fresco, le ricordava una di quelle mattine di novembre in cui l'odore inebriante delle foglie si fonde con quello fresco e vitale della rugiada.

Alzò gli occhi quando miss Kannet sbatté il tacco contro le mattonelle. «Bene, ragazzi, per oggi è tutto.» Sorrise facendo spuntare i denti bianchi da sotto il rossetto. «Il nostro percorso insieme durerà quattro settimane, durante le quali cercheremo di affrontare il fatto che voi sarete ospiti in questo istituto per un po' di tempo. Quello che dovete tenere sempre presente è che la permanenza in questa struttura è finalizzata al vostro benessere. Quando uscirete da qui, sarete persone diverse, sicuramente migliori.»

Questo era un discorso che Mavis non poteva accettare. Lei in quel riformatorio non avrebbe neanche dovuto metterci piede. Avrebbe dovuto badare a suo fratello, piuttosto, e controllare che sua madre non perdesse la testa.

Non appena cominciarono a entrare i ragazzi del turno successivo di terapia, Mavis uscì dalla stanza in tutta fretta. Percorse i corridoi che ormai conosceva a memoria, scansò le persone con la tuta verde che le ostacolavano il cammino e bussò alla porta della camera 105.

Restò in silenzio qualche secondo, spostando il peso del corpo da un piede all'altro. Il respiro le si mozzò in gola quando la porta si aprì e una mano le afferrò il braccio e la tirò all'interno. Avendo ancora i sensi intorpiditi, ci mise un po' a realizzare cosa stava succedendo. Si ritrovò schiacciata contro la porta fredda, due occhi azzurri puntati su di lei, il corpo di Niall contro il suo. La baciò avidamente e Mavis alzò le braccia, lasciando che le chiudesse i polsi in due prese ferree.

Dopo qualche minuto si liberò le mani per accarezzargli i capelli biondi, mentre lui le mordicchiava il collo riempiendola di brividi.

«Niall» biascicò.

Lui tracciò con la punta della lingua una linea umida sulla sua pelle sensibile, fino a raggiungere di nuovo le labbra.

A un tratto Mavis strinse la presa sulle sue ciocche chiare e alzò la testa, ponendo fine al bacio. «Niall» disse dopo aver recuperato un po' di fiato.

«Dimmi.» Lui le cinse la vita da sotto la maglia.

«Promettimi che proveremo a scappare» sussurrò. «Insieme.»

«Te lo prometto» rispose prima di sollevarla e portarla sul piccolo letto della stanza numero 105.

***

«Antartide» disse Niall accarezzandole i capelli.

«Al massimo Alaska» borbottò Mavis guardandolo dal basso. «Se devi scegliere un posto freddo dove vivere, almeno scegline uno dove ci siano un po' di persone.»

Niall si passò le mani tra i capelli arruffati. Mavis pensò a come dovevano essere post coito, se quelli post baci erano così belli.

«Giusto, l'Alaska mi sembra un bel posto.»

Mavis sorrise e gli accarezzò il petto da sopra la maglietta arancione. Avvicinò il viso al suo collo e vi posò dei leggeri baci.

«Dolce preferito?» chiese contro la sua pelle. Stavano parlando come due ragazzi normali, fingendo che fosse tutto okay.

«Facile, Snickers.»

«Concordo» approvò Mavis. «Ci sono anche in Irlanda, gli Snickers?»

Niall ridacchiò accarezzandole una spalla leggermente scoperta. «Credo di sì, o almeno, quando ero piccolo c'era una signora al supermarket della mia città che me ne teneva sempre tre da parte. Sinceramente, non so se ci sono ancora.»

Mavis annuì contro il suo collo. Era quasi completamente sopra di lui quando all'improvviso Niall ribaltò la situazione, ricoprendola con il proprio corpo.

«Tuo fratello come si chiama?» gli chiese.

«Greg, da quando sono qui dentro si è sposato e ha avuto un figlio. Non ho mai visto né il bambino né la moglie.» Il suo tono si incrinò verso la fine.

«Mi dispiace» sussurrò Mavis. Alzò una mano per accarezzargli il viso.

«Anche a me» borbottò Niall. «Ma ora non è di questo che voglio parlare.»

Mavis corrugò la fronte, ma si rilassò quando il ragazzo si piegò su di lei e riprese a baciarla come qualche minuto prima.

20

Dreams

Appoggiò la testa contro il muro, chiuse gli occhi e sbuffò fuori il fumo che aveva aspirato qualche secondo prima. Il petto scoperto e poco abbronzato si alzava e si abbassava lentamente.

Attraverso le ciocche che gli ricadevano sulla fronte, vedeva la luce fioca della lampada che pendeva dal soffitto basso. Si portò al petto le ginocchia fasciate dai jeans, facendo arricciare le coperte sotto il suo corpo. Sentì un peso alla sinistra del materasso. Diede un ultimo tiro alla sigaretta e poi la passò al ragazzo che si era appena coricato di fianco a lui.

Zayn aveva la testa che pendeva leggermente fuori dal letto, mentre le gambe erano appoggiate al muro. Prese la sigaretta tra il pollice e l'indice e se la portò alla bocca, per poi posarla nel portacenere di vetro lasciato per terra. Quando schiacciò la punta rossastra, un piccolo rigolo di fumo si levò nell'aria. Perdendosi nei ghirigori grigi, Zayn incrociò le braccia al petto e lanciò un'occhiata a Niall, che aveva appena richiuso gli occhi. «Perché lo fai?» gli chiese puntando il peso sui gomiti.

Niall stirò gli angoli della bocca in un sorriso abbozzato.

«Ti piace» commentò, non rispondendo alla domanda. «Non è vero?»

Le guance di Zayn si colorarono leggermente. Si passò le mani sul petto e sussultò quando sfiorò i tre solchi che gli attraversavano la parte alta dei pettorali. «Mi ha graffiata» pensò ad alta voce.

«Dovrai abituartici, lo fanno sempre.»

Zayn annuì e Niall sorrise ancora di più. «Comunque, lei è qui da otto giorni. Li segno ogni sera sul palo dove ci siamo incontrati io e te la prima volta» disse scostando la schiena dal muro grigio.

Aveva scelto lui quel colore quando si erano trasferiti in quella casa. Al tempo Greg viveva ancora con Niall, ma solo poche settimane dopo lo aveva lasciato solo, per andare a vivere con la sua nuova fidanzata.

Girò la testa verso le persiane chiuse. Il grigio lo calmava, era decisamente il suo colore. Era come se in quella stanza Niall potesse mimetizzarsi con le pareti.

«Perché l'hai fatto?» ripeté Zayn curioso. Il suo tono non era in alcun modo accusatorio. Tutti hanno una ragione per fare una determinata azione, e Zayn conosceva la propria: Perrie. Niall, invece, sembrava non averne una.

E infatti, ancora una volta, lui non rispose, limitandosi ad alzare le spalle. In realtà non sapeva neanche lui perché lo facesse. Forse era per Greg, per avere di nuovo le sue attenzioni. Forse era per quel senso di disperazione che si impossessava di lui e lo portava al limite. Lui voleva superarlo, quel limite, solo per vedere cosa c'era oltre.

Cosa sarebbe diventato? Sarebbe più tornato indietro? O sarebbe rimasto per sempre oltre quel limite?

Si alzò di scatto dal letto, si infilò le scarpe, prese una maglietta a maniche corte e la giacca.

«Dove stai andando?» gli chiese Zayn mettendosi a sedere sul letto.

Niall lo guardò prima di infilarsi le chiavi nella tasca dei jeans e stringere la maniglia della porta, spalancandola. «A fare un giro» soffiò.

Si girò di scatto, sentendo che la gola gli si chiudeva. Mise una mano sul colletto della tuta arancione e cercò inutilmente di allargarlo. Gli sembrava che i polmoni stessero bruciando, come se avessero acceso un accendino all'interno del suo esofago.

Si passò il dorso della mano sulla fronte, asciugando il sudore. L'ansia lo stava divorando.

Iniziò a tastare il materasso su cui era coricato. Quando sfiorò un tessuto, troppo sottile per essere una coperta, si aggrappò a esso, tirandolo in modo frenetico. Abbassò la testa fino a sfiorare la propria mano con la fronte; sospirò quando il profumo di Mavis lo investì come una tempesta in pieno oceano.

Lasciò il tessuto e schiuse leggermente le palpebre. Poco dopo si accorse che era appoggiato alla gamba della ragazza stesa di fianco a lui. Il pantalone della tuta verde occupava metà della sua vista, mentre nell'altra metà osservava la sua stanza.

Non ritrovare il grigio rassicurante che aveva visto nel sogno lo fece agitare. Il bianco delle pareti del riformatorio lo metteva a nudo.

Alzò la testa e posò la guancia sulla coscia di Mavis. Non voleva staccarsi da lei. Appoggiò una mano sull'altra coscia e le abbracciò le gambe. Aveva paura di alzare lo sguardo sul suo viso... Dopo il flashback che aveva vissuto durante il sonno, temeva di risvegliare i suoi istinti peggiori. Era così vicino a lei... Sentì salire l'eccitante necessità del dolore.

Sapeva di essere sul filo del limite, ci stava passeggiando sopra, guardando ogni tanto il buio in basso.

Chiuse gli occhi, cercando il grigio all'interno di sé. Dopo pochi minuti il bisogno del dolore svanì, e con esso l'impulso di legare i polsi di Mavis con il lenzuolo che li ricopriva.

Accarezzò il tessuto verde sotto il suo pollice, sentendo il calore di Mavis attraverso di esso. La sua pelle era sempre così calda.

Alzò la testa di scatto quando le dita della ragazza si addentrarono nei suoi capelli chiari. Gli occhi di Mavis erano socchiusi e lasciavano intravedere l'azzurro delle iridi.

Niall si alzò a sedere per osservare ogni curva della sua figura longilinea. Per qualche minuto si perse nell'immagine di lei, e quando si accorse che Mavis aveva parlato, tornò a coricarsi. Sistemandosi da un lato poteva guardare il suo profilo, le guance arrossate da chissà quale pensiero, i capelli leggermente più mossi.

«Cosa?» chiese confuso.

«Hai dormito bene?» ripeté lei sorridendo. Sapeva che sarebbe dovuta tornare nella sua stanza. Aveva saltato la seduta di terapia con la scusa di non sentirsi bene, ma presto le guardie sarebbero andate a controllare.

Niall annuì accarezzandole il collo. Si avvicinò al suo orecchio. «Domani le tute arancioni possono stare nell'area svago.» Si distanziò appena, per avere un contatto visivo. «Ci vediamo lì?»

Mavis annuì, fissando le ombre che si creavano nella piccola stanza con l'arrivo della sera. Si alzò dal letto, per poi abbassarsi la maglia e sistemarsi i capelli.

«Ti accompagno, fra poco dovrebbero passare le guardie per il giro serale.» Niall si mise in piedi e le appoggiò una mano sulla spalla. «Mi spiace averti trattenuta.»

Lei ridacchiò scrollando la testa, aprì la porta e respirò l'aria più fredda del corridoio. Mentre camminavano in silenzio, si assicurò di sfiorare sempre il braccio di Niall con il proprio.

Era difficile da spiegare, ma aveva bisogno di quel semplice contatto. Per lei era rassicurante come tornare a casa dopo mesi di assenza, come vedere il dolore senza sentirlo affatto.

Quella sensazione di benessere spariva quando Niall allontanava involontariamente il braccio da lei e tornava quando si riavvicinava, in un'altalena lenta ed estenuante.

Lui era un assaggio di nero in tutto quel bianco anestetizzante. Le sembrò di assistere a un'eclisse quando Niall, posandole una mano sul fianco, la accompagnò dentro la stanza e le stampò un tenero bacio sulla guancia, talmente lieve che Mavis credette di averlo immaginato. Ma no, lui era il nero più reale in mezzo a tutto quel bianco.

«...Poi ha cercato di rialzarsi aggrappandosi alla tendina, ma ovviamente l'ha staccata e gli è finita addosso!»

Mavis e gli altri ragazzi scoppiarono a ridere non appena Harry smise di parlare.

Liam incrociò le braccia al petto imbronciandosi. «Capita a tutti di cadere nelle docce. Quelle piastrelle sono scivolose come sapone tra le mani» si difese.

Francesca gli posò una mano sulla spalla, cercando di trattenere un'altra risata.

Mavis si portò una forchettata di uova alle labbra godendosi la scena di Zayn che continuava a punzecchiare Liam.

In quei momenti sembravano dei ragazzi normali, che mangiavano in una mensa scolastica come tante. Provò a immaginarli fuori da quelle mura, tra le aule di un college, ma le sembravano tutti troppo grandi per quel tipo di vita. *Dovevano* sembrare più grandi per sopravvivere in quel posto, altrimenti li avrebbero distrutti o, peggio ancora, imbottiti di medicine.

Ogni tanto Mavis nascondeva le sue dentro la federa del cuscino, come facevano tutti i ragazzi della sua ala. Fece una linguaccia a Louis quando lo sentì chiamarla 'Dolcezza'.

«Ehi.» Harry percorse con i suoi occhi verdi l'intera sala. Poi, aggrottò la fronte e si rivolse a Zayn. «Dov'è 105?»

Mavis puntò lo sguardo sul tavolo accanto alla porta. Lo stomaco le si chiuse quando si accorse che Niall non era lì.

21

Deserve

Si fece scivolare sulla sedia della sala svago guardando le persone intorno a lei indaffarate a impegnare il tempo. Lei, invece, aspettava che passasse e basta. Senza fare nulla.

Zayn e i suoi amici si tenevano a distanza, limitandosi a osservarla dal tavolo degli scacchi. In un certo senso la capivano: in un posto come quello, era facile affezionarsi alle cose che ti assomigliavano di più. Lo facevi soprattutto per non sentirti solo.

Mavis incrociò le braccia al petto. Teneva lo sguardo fisso in avanti, su una pianta da appartamento buttata lì per caso.

A parte le loro tute, quella pianta era l'unica nota di colore nella stanza. Mavis strizzò gli occhi per analizzarla meglio, ma anche così quel verde continuò a sembrarle scolorito, sbiadito e senza sfumature, come ogni cosa in quel dannato riformatorio.

Il verde, l'arancione, il bianco e a volte il nero erano gli unici colori che vedeva da due mesi.

Due mesi... due mesi lontano da Killian. Circa sessanta giorni lontano dal freddo inverno del Maryland.

Il bianco della neve poteva sopportarlo, ma il bianco di quel maledetto riformatorio era troppo invadente, quasi imbarazzante. Sembrava metterla a nudo.

Spostò lo sguardo su un ragazzo che stava lanciando una palla di piccole dimensioni contro una parete. Lo osservò fermarsi e passarsi una mano tra i capelli scuri; era alto, e la divisa verde gli stava leggermente corta di gambe. Il ragazzo fissò Mavis per pochi istanti e poi tornò a lanciare la palla contro il muro.

Lei sospirò e passò a osservare Zayn, che giocava svogliatamente a dama con Harry. Teneva lo sguardo basso sul tavolo da gioco, con le ciglia lunghe che gli accarezzavano gli zigomi marcati.

Mavis riportò distrattamente l'attenzione sul ragazzo di prima, per poi distogliere lo sguardo.

Adesso che ci pensava, oltre a lei e Francesca c'erano pochissime donne nell'istituto. Evidentemente la maggior parte delle ragazze della sua generazione erano persone senza macchia, figlie e alunne perfette. Lei non si era mai considerata né una cattiva né una brava persona, si riteneva semplicemente normale.

Iniziò a muovere nervosamente una gamba mentre il respiro si faceva più corto. Alzò la testa proprio nell'istante in cui la porta principale della sala si aprì. Balzò in piedi e si mosse verso di essa, aumentando il passo quando vide dei capelli biondi spuntare oltre lo stipite.

Niall sorrise e chiuse la porta. Cambiò espressione non appena vide Mavis prenderlo per un braccio e condurlo fuori dalla sala.

«Dove cazzo eri?» bisbigliò lei tenendolo contro il muro.

Niall girò la testa verso tutti e due i lati del corridoio.

«Parla, qui nessuno ti può sentire» lo incitò Mavis.

«Avevo una seduta con lo strizzacervelli» le rispose.

«Non c'eri neanche a colazione» puntualizzò lei. Si allontanò e prese a camminare nervosamente avanti e indietro.

Niall rimase fermo a fissarla.

All'improvviso Mavis gli puntò un dito contro. «Mi hai fatto prendere un fottuto spavento» sibilò con gli occhi lucidi. «Credevo che ti avessero di nuovo portato via per picchiarti o qualche merdata del genere.»

Niall la afferrò per le spalle e la tirò a sé, facendole appoggiare la testa sul suo petto. «*Sssh*» sussurrò accarezzandola. «Non è successo niente. Stai tranquilla, andrà tutto bene.»

«Non sono tranquilla» confessò Mavis.

«È normale.»

«Anche tu non lo sei?» chiese lei con un filo di voce.

«Come potrei esserlo?»

Niall era sincero, adesso doveva pensare a un piano per uscire insieme da quel posto senza farle del male, senza che nessuno gliene potesse fare. Aveva paura di non riuscirci. Era così difficile pensare a qualcosa di giusto in un posto così sbagliato.

Chiuse gli occhi, cercando di visualizzare una scena. Immaginò sé stesso e Mavis a fare la spesa in un supermercato. Lei che faceva espressioni buffe per farlo ridere mentre spingeva avanti il carrello; lui che tra una scatola di cereali e una confezione di latte la prendeva tra le braccia e la baciava. Il bianco accecante del corridoio lo strappò dai suoi sogni a occhi aperti e lo fece ripiombare in quel posto deprimente.

Mavis alzò lo sguardo e incontrò quello di Niall. Non c'era sfida nelle loro iridi, solo empatia e consapevolezza.

Lui le accarezzò ancora i capelli cercando di tranquillizzarla. Dopo qualche minuto abbassò le mani sul suo viso, posandole due dita sotto il mento. «Tu non ti meriti tutto questo» sussurrò.

«Neanche tu.»

Niall sospirò e le diede un lieve bacio sulle labbra. «Non è vero. Io me lo merito più di tutti.»

Il corridoio ancora vuoto amplificò i loro respiri facendoli riecheggiare come tempeste.

«Davvero, non ne ho idea, signore.» Il giovane uomo con i capelli castani incrociò le braccia al petto e puntò gli occhi sulla targhetta d'oro posta sulla scrivania di mogano. Per contrastare l'ansia batteva a terra il piede fasciato in una scarpa costosa. Guardò la poltrona oltre il tavolo girare lentamente e rivelare un volto vecchio e apertamente contrariato.

«I fascicoli non scompaiono dalle scrivanie così, da soli. Non hanno mica le gambe» lo schernì l'uomo dai capelli brizzolati che si stava alzando. Si avvicinò alla vetrata che dava sulla cittadina e osservò le macchine che affollavano le strade nell'ora di punta.

«Questo lo so benissimo, Marcus.» Fece per continuare ma l'altro uomo lo zittì con un gesto della mano.

«Allora perché il fascicolo del signor Jenkins non c'è più?»

«Non...» Sospirò passandosi una mano tra i capelli castani. «Non lo so.»

Marcus continuò a guardare fuori dalla finestra. «Non è una risposta soddisfacente. E non mi sembra un caso che sia sparito proprio il suo.»

«Niall non ha accesso a questo piano dell'istituto e sa benissimo che in quei fascicoli non c'è alcuna informazione su di lui.»

«Il signor Jenkins non potrebbe fare molte cose, ma a quanto pare sembra non capirlo. La prossima volta dovrò punirlo con maggiore convinzione.» Marcus puntò lo sguardo sull'uomo più giovane. «Sai bene che ho accettato Niall qui a malincuore; se dovesse ripetersi un altro di questi 'episodi' sarò costretto ad allontanarlo dall'istituto e a spedirlo in un carcere.»

Il tono di Marcus era così duro che l'uomo davanti a lui abbassò gli occhi azzurri, facendo ricadere delle ciocche scure sulla fronte. «Lo so, e gliene sono molto riconoscente.»

«Fai bene a esserlo. Se non fosse per me a quest'ora sarebbe in galera» disse Marcus sprezzante.

L'uomo annuì e si infilò le mani nelle tasche dei pantaloni di stoffa nera.

«Quindi sarebbe meglio che tu trovassi quel fascicolo» concluse Marcus. «E il responsabile della sua sparizione.»

«Sarà fatto.»

22

Hurt

Le porte erano appena state chiuse dalle guardie di turno. Mavis aveva appoggiato la fronte contro il muro freddo per cercare un po' di sollievo. Erano successe troppe cose, e doveva rimettere in ordine idee e informazioni.

Strinse gli occhi; era sempre stata così mediocre in tutto... Sentì un po' di rabbia solleticarle lo stomaco.

Pensò alla sua famiglia e ai suoi amici. A quanto fosse stata indifferente nei loro confronti. Non ne capiva la ragione, non lo aveva mai fatto apposta, ma non aveva mai tenuto alle persone. Era come se il suo corpo e la sua mente si fossero rifiutati di farlo. Si chiedeva cosa ci fosse di sbagliato in lei. Oppure – e in quel momento riteneva che quella fosse la domanda più importante – cosa ci fosse di diverso in Niall. Perché con lui era tutta un'altra storia...

Quando si trattava di Niall, la mente di Mavis reagiva in modo anomalo. E questa cosa la sconcertava.

Premette più forte la testa contro il muro.

Perché?, pensò. Perché con lui era tutto così diverso e angosciante? Perché le importava così tanto di lui?

Si staccò dal muro sospirando. Si rendeva conto di essere cambiata. Sapeva di essersi affezionata non solo a Niall, ma anche a Zayn e a tutti gli altri ragazzi. Si preoccupava per ognuno di loro, ed era una novità con cui la sua mente riusciva a stento a convivere. Sentire Niall urlare, per esempio, l'aveva fatta precipitare talmente in basso che Mavis aveva seriamente temuto di non risalire mai più. Per giorni, per settimane, aveva sognato le sue urla, lo aveva immaginato coricato per terra mentre veniva picchiato selvaggiamente.

E poiché in quel posto avevano tutti più o meno le stesse storie, le stesse esperienze, la stessa voglia di evadere che probabilmente li avrebbe ammazzati, lei si era affezionata a ogni persona con cui era entrata in contatto.

Mavis avanzò verso il letto e afferrò il cuscino. Si guardò intorno come se qualcuno potesse vederla, lanciò un'occhiata al contenitore vuoto delle pastiglie sulla scrivania, quindi sbottonò la federa e vi infilò dentro una mano. Estrasse la cartellina gialla, la posò sul materasso e risistemò il cuscino.

Non si sentiva in colpa per averla rubata; il bisogno di sapere era stato così accecante da farle compiere un gesto che le sarebbe potuto costare molto caro.

Si sedette sul letto e aprì il fascicolo. Sfiorò l'unico foglio che lo componeva. Continuava a rileggere quelle tre parole da giorni, se le ripeteva nella testa come un mantra, cercando significati nascosti. Ma sapeva davvero poco su Niall, e conoscere il suo luogo di nascita non l'avrebbe di certo aiutata a scoprire qualcosa sul suo passato. La sua doveva essere una storia davvero brutta, se non voleva in alcun modo rivelarla, e questo non faceva che alimentare la curiosità di Mavis.

Accarezzò la pagina come se, usando le buone maniere, questa avesse potuto rivelarle di più. Niente. Ancora vuoto, ancora quel fastidio tra diaframma e polmoni che la spingeva a uscire dalla porta, bussare alla stanza 105 e chiedere spiegazioni. Ma sapeva che queste sarebbero arrivate solo quando lui avesse voluto. Niall le avrebbe raccontato tutto, con il tempo. Doveva solo aspettare.

Strinse le labbra e ripose la cartellina nella federa.

Si sdraiò supina, incrociando le mani sullo sterno come si fa con i morti. Lei ci era andata vicina alla morte. Quando quel ragazzo l'aveva aggredita, Mavis aveva davvero pensato che fosse giunta la sua ora.

Chiuse gli occhi aspettando, che Niall bussasse alla sua porta, il viso oscurato dalla notte che incombeva dentro l'istituto.

Teneva lo sguardo basso sulla borsa nera, mentre cercava di infilare la confezione di cioccolatini per Killian nella tasca interna. I suoi piedi toccavano veloci il marciapiede della piccola cittadina. Mavis fingeva di avere fretta per non guardare nessuno negli occhi.

Era una delle poche cose che suo padre aveva avuto il tempo di insegnarle: tenere lo sguardo basso e tentare di passare inosservati. Così avrebbe evitato grane.

Solo che quel giorno fece l'errore di sollevare i suoi occhi vitrei dall'asfalto.

Un ragazzo con i capelli castani legati in una piccola coda alta la guardò. Mavis lo osservò per qualche istante prima di stringersi nelle spalle e accelerare il passo. Il suo cuore iniziò a battere veloce quando sentì che qualcuno la tirava per la borsa. Si girò di scatto, e fissò il ragazzo che le sorrideva.

«Ciao» disse lui lasciando la presa. Si passò le mani sopra la maglietta colorata e tirò fuori dalla tasca dei jeans una sigaretta. «Hai da accendere?»

Mavis corrugò la fronte. C'era qualcosa di strano nel suo modo di parlare, come se facesse fatica a collegare tra loro le parole. Lo osservò meglio... Aveva l'aria stanca, sembrava che le sue palpebre stessero aperte per miracolo.

Un forte odore di alcol la investì, e Mavis non ebbe più dubbi. Scosse la testa velocemente e fece per andare via, ma sentì una mano trattenerla.

«Senti, tesoro,» cominciò il tipo «sei una bella ragazza. Non rendere tutto più difficile e dammi un accendino.»

Mavis si ritrasse di scatto, facendolo barcollare. «Non ho un fottuto accendino» rispose aspramente mentre sentiva l'ansia montarle dentro.

Il ragazzo alzò gli occhi al cielo. «Hai una voce così fastidiosa» disse portandosi due dita sulle tempie e massaggiandosele.

«Non ho...» incominciò Mavis, ma venne subito bloccata.

«Troveremo un altro modo per accendere la mia sigaretta, vero?»

Lei si girò e cominciò a correre, ma dopo pochi metri si ritrovò schiacciata contro un muro.

«Che cattiva ragazza» alitò lui a pochi centimetri dal suo viso.

La sollevò di peso alzandole la maglietta. Lei urlò e scalciò, tentando di liberarsi. Poi, a un tratto, il suo pugno colpì qualcosa di duro e pochi secondi dopo si ritrovò seduta a terra. Il ragazzo era steso sul bordo della strada e i cioccolatini di Killian erano sparsi per il marciapiede.

Una mano si posò sulla spalla facendola sussultare. L'immagine di Niall si sovrappose a quella sfocata del ragazzo dai capelli castani. Aveva il viso vicino al suo e le sussurrava che andava tutto bene.

Mavis tese le braccia verso di lui e lo attirò a sé. Appoggiò la testa nell'incavo del suo collo mentre il corpo di Niall la ricopriva.

«È tutto okay» mormorò lui.

«Non volevo colpirlo» biascicò Mavis ancora scossa per quel brutto ricordo. «Solo che lui era così vicino...»

Le labbra di Niall la bloccarono, ferme sulle sue. Non stava cercando un momento di passione, voleva solo aiutarla a calmarsi. Mosse la bocca contro quella di Mavis parlandole lentamente, assaporando la loro vicinanza. «Dimenticati di lui, ormai sei qui, e sei con me. Lui non c'è più, e non ci sarà mai più. Lo giuro.»

«Niall...»

Il ragazzo alzò lo sguardo sorridendo, incrociò gli occhi di Mavis. «Dimmi.»

«Resta con me stanotte» lo supplicò Mavis con un filo di voce.

«No!» si lamentò Zayn facendo schioccare la lingua contro il palato. «Nell'ala Sud ci sono due guardie, non è sicuro.»

Niall guardò oltre la finestra, poi riportò l'attenzione all'interno della sala svago. Mentre lui e Zayn provavano a buttare giù una bozza per un nuovo piano di fuga, Harry e Liam stavano seguendo con interesse la partita a scacchi tra Louis e un altro ragazzo con la tuta arancione.

Mavis in quel momento era al secondo piano per la terapia di gruppo. Dopo aver visto la sua reazione la notte precedente, Niall non riusciva a pensare ad altro: doveva trovare il modo per portarla fuori da lì al più presto.

Osservò Zayn mordicchiare la matita da disegno; il foglio appoggiato sul tavolo era tutto scarabocchiato. Le cose dentro l'istituto stavano cambiando velocemente.

«Marcus continua ad aggiungere guardie su guardie, io non capisco perché» sussurrò Zayn fissando il foglio.

«Il motivo siamo noi due,» commentò Niall spostando lo sguardo fuori dalla finestra «e i nostri tentativi di fuga falliti.»

«Come fai a esserne sicuro?» sbottò innervosito Zayn. Lanciò la matita sul tavolo.

«Ho sentito le guardie parlarne, ma ovviamente sto solo ipotizzando» si difese Niall.

Zayn annuì, sembrava essersi calmato.

«È opportuno aspettare che Marcus non sospetti più niente» aggiunse Niall voltandosi a guardarlo. «Voglio essere sicuro che Mavis non corra alcun rischio, questa volta dobbiamo pianificare tutto alla perfezione.»

Zayn rimase in silenzio.

Un barlume di curiosità accese la mente di Niall. «Perché lo fai? Non è solo per uscire da qui, lo so.»

Zayn alzò le spalle. Era evidente che non aveva voglia di parlarne, non con lui, almeno. Si allungò verso il tavolo, piegò il foglio in quattro parti, sollevò la maglietta verde e lo infilò sotto l'elastico dei pantaloni. «E tu?» gli chiese di rimando.

Niall sospirò. «Non lo so, e questa cosa mi dà dannatamente fastidio.» Guardò Zayn. «Lo sai, con lei non riesco a pensare di fare le cose che facevo ad Anne. Mi fa schifo anche solo dirlo.»

«Non ti permetterei di farlo in nessun caso» ribatté Zayn.

«Lo so.»

Niall abbassò la fronte, si sentiva così frustrato. Era come se avesse smarrito sé stesso e non riuscisse più a trovarsi, perso in un labirinto senza vie d'uscita, senza nemmeno sapere come ci fosse finito.

Aveva solo Mavis, era soltanto lei che, in qualche modo, gli dava una ragione per andare avanti.

«Io torno nella mia stanza» disse Zayn.

Niall si limitò ad annuire, ancora perso nei suoi pensieri. «Ha gli stessi occhi di Perrie» disse quando sentì l'altro alzarsi dal tavolo.

«Sì, questa è la cosa che fa più male» biascicò Zayn avviandosi alla porta.

23

Meet

Mavis posò le mani su quelle di Niall, che le coprivano gli occhi. Rise e fece un passo in avanti lasciandosi guidare da lui. Si sentiva sicura con la schiena contro il suo petto.

«Posso aprire gli occhi?» gli chiese.

«No» rispose lui ridendo. «Stai tranquilla, fidati di me.»

Mavis annuì e si affidò a lui. Quando una folata d'aria fresca le sferzò la pelle delicata scostandole i capelli all'indietro, schiuse le labbra per la sorpresa.

Era come se Niall l'avesse gettata in una pozza d'acqua ghiacciata. Quell'aria così frizzante le fece quasi dolere i polmoni abituati al caldo artificiale dell'istituto. Si aggrappò alle braccia del ragazzo e respirò a fondo, rilassandosi contro il suo petto.

«Ora puoi aprirli» le sussurrò Niall all'orecchio, spostando le mani dal suo viso ai fianchi.

Mavis serrò le labbra e guardò il cielo bianco sopra le loro teste, poi abbassò gli occhi sulla recinzione che circondava l'istituto. Non se lo ricordava così grande.

Scosse la testa, ancora leggermente turbata, e fissò l'erba sotto le suole delle sue scarpe. Sorrise appena. Girò il capo quando sentì una leggera pressione sui suoi fianchi.

«Ti piace?» le chiese Niall a bassa voce, facendola voltare per averla di fronte a sé. «So che ti manca il mondo qua fuori, e questo è tutto quello che ho potuto fare.»

Mavis ridacchiò. La sua risata aveva un suono diverso all'aperto, come se potesse viaggiare per le strade e oltre, senza fermarsi davanti a un muro bianco. «È bellissimo» riuscì a dire, posando le mani sul petto di Niall.

Lui appoggiò il mento sulla sua testa e sorrise per la diversità di altezza. Mavis era così piccola, e lui sentiva l'istinto di proteggerla, anche se non sapeva bene da cosa. Era una sensazione nuova, fastidiosa e appagante al tempo stesso. Era tutto così incasinato...

«Come ci sei riuscito?» gli chiese.

Niall fece dondolare i loro corpi. «Una guardia mi doveva un favore» spiegò evasivo. Abbassò la testa e ricoprì di baci il viso di Mavis, ancora persa in quel panorama.

«Potremmo scappare in questo momento» sussurrò lei con un brivido di eccitazione.

Niall si staccò leggermente e la guardò di sottecchi. «Tu non hai ancora capito che finché non avrò pianificato tutto nei minimi dettagli neanche ci proveremo.» La prese per il mento e le tracciò una scia di languidi baci sulla guancia. «Non so cosa farei se ti succedesse qualcosa.»

Spostò le labbra sull'angolo della bocca, la fissò per qualche secondo e poi ci si avventò, come se volesse trasmetterle tutte le preoccupazioni e farle capire che erano vere. Si sentì sollevato quando Mavis iniziò a rispondere al bacio.

«Tu non rischierai niente, farò di tutto per proteggerti» sentenziò Niall.

«Se per proteggere me devi farti del male, allora ti prego, non farlo» provò a ribellarsi lei.

«Usciremo da qui insieme.»

Mavis rimase in silenzio.

Niall la prese per mano e la riportò all'interno dell'istituto. Mollò la presa quando due guardie gli passarono accanto.

«Io e Zayn ci siamo quasi» continuò poco dopo riprendendola per mano. «Dobbiamo solo discutere di alcuni dettagli.»

Zayn...

Mavis si fermò confusa. Da quando loro due si parlavano? Cosa si erano detti? Sapeva che tra loro non correva buon sangue, era strano che si fossero messi d'accordo per fuggire insieme da quell'inferno. «Ma... vi odiate» commentò incredula.

«Quelle sono altre questioni... Tutti vogliamo uscire da qui, Mavis.»

«Cristo santo» borbottò Zayn cercando di infilare un sacchetto nero in una delle pattumiere degli uffici. «Perché 'sto coso non sta su?» sbraitò passandosi una mano tra i capelli scuri.

Mavis rise e si avvicinò per aiutarlo. Quel giorno toccava a loro pulire gli uffici del secondo piano e, nonostante tutto, si stava divertendo un mondo a vedere Zayn imprecare.

«Grazie» disse lui sollevato. Afferrò il panno e iniziò a spolverare il piano della scrivania.

Mavis riprese in mano la scopa che aveva appoggiato alla parete e si rimise al lavoro.

«Per quanto tempo devi stare qui?» gli chiese.

Zayn fermò i suoi movimenti rotatori e la guardò. «Cinque anni in tutto. Mi è andata bene, avrebbero potuto essere di più se avessero trovato altre prove a mio carico. Avrei anche potuto finire in prigione.»

Mavis annuì, sentì l'ansia montarle dentro per la domanda che stava per fargli. «Di cosa...» si schiarì la voce «di cosa sei stato accusato?»

Gli occhi color caramello di Zayn la scrutarono a fondo. Il ragazzo lanciò il panno dentro un secchiello e si portò le mani sui fianchi. «Davvero lo vuoi sapere?» chiese scettico.

Mavis annuì appena.

Lui fece un passo indietro. Si sistemò sulla sedia girevole di fronte alla scrivania che stava pulendo e si diede una spinta.

«Stalking, maltrattamenti e lesioni prolungati, sequestro di persona e, per finire, problemi di gestione della rabbia» disse continuando a girare.

Mavis lo fissò per una manciata di secondi finché sentì che lo stomaco si contraeva. Si piegò in avanti per afferrare una pattumiera, e rigettò tutto il cibo che aveva in corpo.

Sentì le mani di Zayn posarlesi sulla schiena. Gli fece cenno di allontanarsi, ma lui la strinse più forte e le raccolse i capelli in una coda.

Quando i conati cessarono, Mavis si sedette sul pavimento e cercò di riprendere fiato.

«Stai bene?» chiese Zayn a bassa voce inginocchiandosi accanto a lei. Le pulì la bocca con un panno.

«Stammi lontano» gemette Mavis.

Zayn la afferrò delicatamente per i polsi. «Mavis, devi stare tranquilla» disse quasi offeso. «Non faccio più quel genere di cose.»

Lei, ancora sconvolta, ritrasse le mani. Le parole di

Zayn le risuonavano nella testa, dandole la nausea. In verità, era altro che la preoccupava...

«Dimmi solo se stai bene» la esortò lui.

Mavis annuì, poi un pensiero doloroso le attraversò la mente. «Anche Niall?»

«Sì» rispose Zayn.

Mavis scattò in piedi e si avviò alla porta.

«No!» urlò Zayn seguendola. «Non farlo, Mavis.»

«Devo parlargli» gli urlò contro.

«Ho detto di no!»

Zayn la bloccò contro il muro e le tappò la bocca. «Puoi fare a me le tue cazzo di domande, a lui non devi dire niente. Capito?»

Mavis annuì lentamente e Zayn ritrasse la mano dalle sue labbra.

«Perché Niall ha la tuta arancione e tu no?»

Zayn abbassò gli occhi. «Contro di lui hanno trovato più prove. È stato incriminato per più reati.» Alzò una mano per toccarle il viso.

Mavis si allontanò bruscamente. Osservò l'espressione delusa che comparve sul volto di Zayn.

«Sappi solo che se avessi voluto farti del male, lo avrei già fatto» disse lui. E uscì dalla stanza.

Il rumore metallico della porta fece sobbalzare Mavis tra le lenzuola. La guardia le lanciò una rapida occhiata prima di procedere nel suo giro mattutino.

Lei si strofinò gli occhi, cercando di filtrare la luce che entrava dalla porta aperta. Si mise seduta e aggrottò la fronte quando vide Harry davanti alla sua stanza.

Le dava le spalle e stava parlando animatamente con qualcuno che lei non riusciva a vedere.

Lei si alzò di scatto e si avvicinò alla porta.

«Ehi, Mavis!» la salutò Louis.

Ricambiò con un gesto del capo. «Cosa sta succedendo?»

Si guardò attorno. Nel corridoio i ragazzi sembravano tutti elettrizzati e felici.

Tutti tranne Zayn.

Era a pochi metri da lei, gli occhi fissi sulla parete bianca, le mani dietro la schiena. La sua espressione atona le fece venire la pelle d'oca.

«Oggi ci sono le visite» spiegò Louis. «E *lei* viene a trovarlo.»

24

Miss

Mavis avanzava a testa bassa, i capelli biondi le ondeggiavano a ogni passo cadenzato e sofferto. Intravedeva accanto a sé il braccio tatuato di Louis.

L'idea di sua madre che la guardava dall'altra parte del vetro la fece rabbrividire. Da quando era lì, era la prima volta che la incontrava. Si chiese cosa avrebbe detto suo padre se l'avesse vista.

Alzò lo sguardo verso Louis. I capelli castani gli incorniciavano il viso scavato e una leggera barba gli ricopriva la mascella. Osservò i muscoli delle sue braccia rilassarsi a ogni passo. Sembrava tranquillo, e vederlo così fece calmare anche lei.

«Tu conosci Marcus?» gli chiese.

Louis annuì. Le poggiò una mano su un fianco per suggerirle di girare in un altro corridoio. «Sì, è il direttore» le rispose guardando dritto davanti a sé.

«Cosa puoi dirmi di lui?» Mavis sapeva che se c'era qualcuno che poteva darle delle informazioni, quello era Louis. Era scaltro, sagace e aveva un udito da fare invidia.

«Allora...» Sospirò arricciando le labbra. «Sua moglie è morta due anni fa per un cancro al seno. Ha due figli più o meno della nostra età che frequentano il college e un fratello che è direttore di un carcere sempre qui nel Maryland.»

Mavis annuì distrattamente.

«Tu lo sai perché sono finito qui, vero?» continuò Louis ridacchiando.

Lei fece cenno di sì col capo, ripensando al racconto di Zayn.

«Quel ragazzo era davvero una testa di cazzo, ho fatto bene a dargli una lezione» aggiunse Louis.

«Come si chiamava?»

«Jake.»

Mavis si fermò di colpo quando vide una lunga fila di ragazzi davanti alle porte grigie della sala colloqui. Afferrò il colletto della felpa e lo tirò verso il basso, tentando di alleviare il senso di soffocamento che la opprimeva.

«Perché sei così agitata?» le chiese Louis accarezzandole la schiena.

«Non so cosa mi dirà mia madre» rispose sinceramente.

Lui le sorrise e allargò le braccia.

Mavis si rifugiò nel suo abbraccio: era incredibile come fosse diverso da quello di Niall. Il contatto con Louis le trasmetteva una strana energia, mentre il corpo di Niall la accoglieva come un porto sicuro e rassicurante.

«Mavis Holmes.»

Si girò di scatto verso la guardia che l'aveva chiamata. Rivolse a Louis un ultimo sorriso e poi oltrepassò la porta.

I colloqui si tenevano in una stanza stretta e rettangolare, con un lungo bancone suddiviso da pannelli di plastica opaca in cinque piccole postazioni. Una lastra di vetro separava gli ospiti esterni da quelli interni del riformatorio, impedendo loro qualsiasi contatto fisico.

La guardia le indicò una sedia e lei si sedette senza fiatare. Guardò in silenzio la porta al di là del bancone, attenta a percepire ogni rumore, ogni respiro. E quando la maniglia si abbassò e dalla soglia sbucarono dei capelli castani si sentì morire.

Fissò sua madre entrare nella stanza. Teneva la testa bassa, e Mavis pensò che fosse per la vergogna, ma qualche secondo dopo si accorse che in realtà stava guardando Killian.

Si portò le mani alle labbra. Il fratellino le sembrò così cresciuto, si era persa già tanto di lui. Teneva in mano un piccolo aereo. Alzò gli occhi azzurri e le sorrise.

La madre si sedette e prese Killian in braccio.

«Ciao mamma» disse Mavis con voce roca. Dentro di sé avvertiva un mix di emozioni che non riusciva a decifrare.

«Ciao» rispose la donna con un sorriso sincero. «Come stai?»

«Bene, voi?»

La madre alzò le spalle e accarezzò il braccio del bambino, intento a chiudere la portiera dell'aeroplanino. «Il prossimo mese il giudice stabilirà la durata della tua permanenza qui. Sarai convocata in tribunale. All'udienza saranno presenti anche Thomas e il suo legale» spiegò a voce bassa.

Mavis annuì, senza staccare mai gli occhi dal fratello che poco dopo si allungò verso l'orecchio della madre per sussurrarle qualcosa.

Lei annuì, alzandosi e lasciando il bambino sulla sedia. «Killian ha sete, vado a prendergli dell'acqua. Torno subito.» Sorrise.

Mavis la guardò uscire.

Appena rimasero soli, Killian sbatté il suo pugnetto contro la lastra trasparente. «Qui dentro fate tanti giochi?» chiese, posando l'aeroplanino sul bancone.

Mavis annuì come se fosse incantata.

«Hai qualche amico con cui giocare?»

La sua voce infantile la fece sorridere. «Sì.»

«Posso conoscerli quando uscirai da qui?»

«Certo, Killian.»

Rimasero qualche secondo a studiarsi.

Il bambino gonfiava le guance e si guardava le piccole dita. Sembrava imbarazzato. «Mi manchi» disse all'improvviso.

Mavis appoggiò i gomiti sul tavolo e si prese la testa fra le mani. Chiuse gli occhi quando una lacrima le rigò il viso. Lui era così ingenuo. Si passò il dorso della mano sul viso e tentò di sorridergli. «Anche tu» sussurrò.

«Anche la mamma piange» disse Killian osservando la sorella.

Mavis strinse le labbra, sentendo altre lacrime percorrerle le guance. «Mi dispiace davvero, Killian» dichiarò con voce sfinita.

«Ora lo so» rispose il bambino appoggiando la fronte contro il vetro. «Ti voglio bene.»

Mavis lo guardò da sotto le ciglia lunghe e gli sorrise. «Non avevi sete, vero?»

Killian scosse la testa e ridacchiò, mostrando due fossette nella parte inferiore degli zigomi.

Posò la forchetta sul vassoio e si alzò rapidamente dalla sedia. Vedere la sua famiglia le aveva procurato una stretta al cuore.

Niall e la maggior parte dei ragazzi erano ancora in attesa del loro colloquio.

Zayn, invece, aveva finito di pranzare e stava uscendo dalla mensa. Quando incrociò lo sguardo di Mavis la ignorò.

Lei aggrottò la fronte e lo seguì nel corridoio, raggiungendolo mentre stava per entrare nella sua stanza.

«Cosa ti ha detto?» gli chiese Mavis.

Lui contrasse la mascella e continuò a ignorarla.

Mavis sbuffò e, prima che Zayn la chiudesse, bloccò la porta con un piede.

«Vattene, lasciami stare» ordinò lui.

Il tono basso e imperioso non la intimorì.

«Per favore,» continuò Zayn con voce più dolce «non ce la faccio, ti prego.»

Mavis si avvicinò ancora di più e lo abbracciò.

Lui non ricambiò. Rimase impassibile, le braccia lungo i fianchi. Si limitò ad appoggiare la testa contro la sua. «Mi manca» disse in un sussurro.

Lei annuì. Una delle cose che lì dentro tutti condividevano era il senso di solitudine e di perdita. Fuori, ognuno di loro aveva delle persone care delle quali sentiva la mancanza.

«È sempre più bella, Mavis, e io non riesco a immaginare la mia vita senza di lei. Averla così vicino e non poterla toccare è stata una tortura.»

«Quando uscirai da qui potrai stare con lei» lo incoraggiò accarezzandogli il volto.

Lui annuì lentamente, stringendola a sua volta tra le braccia.

Mavis ripensò a Niall, al suo sorriso, al benessere che le trasmetteva anche solo sfiorandola. Forse era quello che provava Zayn per Perrie.

Niall... A quell'ora doveva essere rientrato nella sua stanza. Mavis si staccò lentamente da Zayn. «Devo andare» disse imbarazzata.

«Certo, ho capito...» la schernì lui, facendola arrossire.

Camminò fino alla stanza 105. Si fermò, tese l'orecchio verso la porta e fremette nel sentire dei rumori all'interno. Bussò, e pochi secondi dopo la porta si aprì.

«Ciao» disse Mavis guardando Niall sorriderle.

Niall ridacchiò. «Ciao.»

25

Subliminal

Seduta sulla panca di legno, Francesca osservava Mavis pettinarsi i capelli. Le piaceva guardare le persone, analizzare i loro movimenti, dividerli in sequenze sempre più piccole. «E non ti dà fastidio?» le chiese con gli occhi sempre puntati sulle sue ciocche bionde.

«È una cosa strana, ma sinceramente no» rispose Mavis alzando le spalle. Era vero: il fatto che avesse scoperto qualcosa di più sul passato di Niall, non l'aveva più di tanto scossa, dopo la reazione iniziale.

Sapeva bene che ognuno di loro era lì dentro per un motivo, ma sicuramente non avrebbe mai potuto immaginare che quello di Niall fosse così angosciante. Eppure scoprirlo non le aveva fatto cambiare idea su di lui. Non lo temeva, sentiva che lui non le avrebbe mai torto un capello.

«E non vuoi neanche sapere di più?» insistette Francesca.

Mavis scosse la testa con decisione. Quella era una delle poche cose di cui era certa e, se doveva essere del tutto sincera, conosceva anche la ragione di quella certezza: la paura.

La paura sottile e latente che l'opinione che si era fatta di Niall fosse sbagliata. Paura di scoprire fino a che punto la sua crudeltà si fosse spinta per il semplice gusto di capire cosa si provasse. Mavis non sapeva cosa volesse dire avere bisogno della violenza, ma poteva immaginare...

Provò a figurarsi Niall accecato dalla rabbia, la testa abbassata verso il pavimento, gli occhi cupi coperti dai capelli biondi, i pugni stretti lungo i fianchi, il respiro veloce.

Deglutì a forza, quando nella sua mente lo vide alzare la testa e trafiggerla con sguardo lascivo.

«La tua famiglia sa che sei qui?» chiese Mavis cambiando discorso. Parlare di Niall le risultava sempre difficile. Tutto ciò che lo riguardava era piacevole e struggente al tempo stesso.

«Sì, ieri mi sono venuti a trovare» rispose sorridendo. «Hanno già deciso che tornerò in Italia quando uscirò da qui.»

Mavis si voltò a fissarla. Un po' le dispiaceva, avrebbe voluto instaurare una vera amicizia con lei una volta uscite da quel posto.

«Fra quanto uscirai?» le domandò aggrottando la fronte.

Francesca gonfiò le guance. «Meno di un anno.» I suoi occhi marroni si spensero in un attimo. «Lui non è venuto» sussurrò guardandosi le mani.

«Mi dispiace davvero tanto.» Mavis si avvicinò e le accarezzò le spalle esili.

«Ma forse è meglio così, meno lo vedo e meno ricorderò di lui. Sarà più facile dimenticarlo» sentenziò a bassa voce Francesca prima di chiudere gli occhi.

Dopo una ventina di minuti le ragazze uscirono dagli spogliatoi e si recarono al secondo piano per la terapia di gruppo.

A Mavis non piaceva parlare di sé. Anche se dal suo arrivo lì alcune spigolosità del suo carattere si erano smussate, molti suoi limiti erano crollati, e i suoi confini mentali si erano sicuramente ampliati, rimaneva comunque una ragazza riservata.

E poi, quegli incontri erano moderati da Margaret... E be', lei, senza dubbio, era una persona strana, che Mavis tollerava a malapena. Era sempre troppo provocante: vestiti aderenti che mettevano in risalto le sue rotondità, un filo di rossetto rosso sulle labbra... Sembrava voler far colpo su quei poveri ragazzi costretti a vivere reclusi tra quattro mura. Ma non la odiava per questo... Mavis sapeva che nel mondo esistevano vari tipi di persone e quelle davvero cattive costituivano una netta minoranza. Margaret era semplicemente esibizionista.

Nella stanza delle terapie di gruppo, le sedie erano disposte in cerchio e solo pochi ragazzi erano già presenti. Quando si mise a sedere, Mavis si accorse con imbarazzo che qualcuno la stava fissando. Di sottecchi passò in rassegna tutti i presenti finché individuò il responsabile del suo disagio.

Il ragazzo dai capelli castani girò velocemente la testa, posando l'attenzione su Margaret in piedi al centro del cerchio.

Mavis lo osservò per qualche istante. Era sicura di averlo già visto... Dopo qualche istante si ricordò di lui: i loro sguardi si erano incontrati giorni prima, nella sala svago, mentre lei aspettava il ritorno di Niall. Perché la guardava?

«Sono felice di vedervi tutti presenti» esordì poco dopo la voce squillante di Margaret.

Alcuni ragazzi risposero alle domande personali che miss Kannet porse loro, e ogni volta lei li liquidava con un sorriso tirato. «Vorrei sapere come vi sentite quando pensate al mondo esterno» chiese a un tratto in tono serio.

Mavis abbassò lo sguardo, poi lo puntò verso la grande finestra che illuminava la stanza. Guardò alcuni alberi spogli muovere i rami nel vento, come se tentassero inutilmente di sfuggire da lui.

Pensava che il mondo là fuori fosse un abnorme e misterioso messaggio subliminale. Si sentiva come se avesse potuto godere di quella meraviglia per un tempo troppo breve, e adesso i suoi ricordi fossero sbiaditi e confusi.

Desiderava uscire da quel riformatorio non per vedere quel mondo, ma per scoprirlo, con una persona al suo fianco. Sorrise.

«Provo tristezza e rabbia» disse il ragazzo dai capelli castani, e tutti lo fissarono.

«Come mai?» chiese Margaret avvicinandosi a lui.

«Io non voglio tornare là fuori e continuare la vita che facevo, non voglio» rispose con voce piatta.

«È normale sentirsi così. Capita a tutti prima o poi.»

Il ragazzo annuì poco convinto e si poggiò le mani sulle ginocchia.

«Come ti chiami?» gli chiese miss Kannet prendendo la propria cartellina rigida e appuntandovi qualcosa a una velocità straordinaria.

«Joshua.»

Altri ragazzi presero la parola, ma Mavis non riusciva a staccare gli occhi di dosso da lui. Si studiarono a vicenda, scambiandosi sguardi diffidenti e indagatori.

«Avete preso tutti le pastiglie oggi?» chiese la terapeuta, sedendosi su una sedia e accavallando le gambe.

Il gruppo annuì, compresa Mavis.

«Bene» commentò. «Perché stanno per controllare le vostre celle.»

26

Gaining speed

Si passava le dita sul labbro inferiore, sembrava incantato. Sdraiato sul suo letto, guardava fuori dalla finestra. Che senso aveva una finestra in un posto così? Era una dimostrazione continua di ciò che i detenuti si stavano perdendo. Potevano vedere la città cambiare senza di loro; tutto si muoveva intorno a loro, mai loro stessi. Guardavano in alto e in basso senza sapere dove andare, e così restavano fermi.

E ora Niall stava scrutando tutte le direzioni, tutte le possibili strade da prendere. Se fossero usciti, dove sarebbero andati? In realtà non gli importava molto, pensò incrociando le braccia al petto e chiudendo gli occhi. Con Mavis accanto, sarebbe andato ovunque. E l'avrebbe guardata perdere pezzi di innocenza un giorno dopo l'altro.

Riaprì gli occhi; la sua immagine era ancora lì, marchiata a fuoco nella sua mente. Una persona così diversa da lui, ma alla ricerca delle stesse cose. Per Niall non esisteva nessun'altra ragazza, gli amori del passato erano offuscati, come se la luce che emanava Mavis li avesse oscurati per sempre.

Niall avrebbe voluto conoscerla in un bar, in un locale, in un supermercato... Avrebbe voluto avere una vita diversa, una vita di cui andare fiero, una vita degna da offrirle. Sarebbe mai stato capace di farlo? L'avrebbe resa felice? C'era sempre un'ombra a tormentarlo, dei sussurri che gli dicevano che non ce l'avrebbe fatta.

Si alzò di scatto quando sentì la maniglia della porta abbassarsi. La figura che occupava i suoi pensieri entrò nella stanza, si appoggiò contro il muro e si portò i capelli biondi su una spalla. Niall la osservò con un sorrisetto malizioso, che scomparve quando la vide avvicinarsi nervosamente al letto e afferrare il cuscino.

Mavis, guardandosi intorno, infilò una mano all'interno della federa e ne estrasse una manciata di pastiglie.

«Cosa stai facendo?» le chiese Niall alzandosi dal materasso e afferrandole i polsi.

Mavis si liberò dalla presa. Corse verso la finestra e l'aprì quel tanto che bastava per buttare fuori le pastiglie. Fu abbastanza furba da richiuderla entro il tempo in cui sarebbero scattati gli allarmi. Si muoveva da una parte all'altra della stanza, setacciando ogni angolo alla ricerca di altre pillole che potevano esserle cadute di mano.

Niall la guardò senza capire. «Mavis» la chiamò. Non ottenendo alcuna reazione, la prese per un braccio. «Ferma» le ordinò.

Si addolcì nel vedere i suoi occhi così spaventati. «Cosa sta succedendo, principessa?» le sussurrò.

Lo sguardo di Mavis vacillò leggermente, ma si riprese subito. «Stanno per controllare le celle» disse ancora senza fiato.

Niall si scostò da lei e si passò una mano tra i capelli. «Hai controllato la tua stanza?» chiese dopo qualche secondo.

Lei scosse la testa, sembrava persa.

«Cosa stai aspettando?» La prese per mano e l'accompagnò di corsa nella sua cella. Poteva sentire le voci dei loro compagni che si avviavano verso la mensa.

Spalancò la porta, andò verso il letto rifatto e afferrò il cuscino. «Tu guarda in giro, dobbiamo sbrigarci» la esortò frugando tra le piume del cuscino, mentre lei si chinava per controllare sotto la rete del materasso.

Niall trovò un foglio che riconobbe subito, e se lo infilò sotto l'elastico dei pantaloni arancioni.

«Trovato qualcosa?» le chiese vedendola alzarsi.

«No» sussurrò.

Lui annuì e la prese di nuovo per mano. Arrivati in mensa, si sedettero al solito tavolo isolato.

Due guardie sbucarono dall'entrata e si misero a fianco di Niall.

«Jenkins» lo chiamò a mo' di saluto una delle due. Aveva i capelli ramati nascosti dal cappello nero, in mano teneva un paio di manette argentate. Lo guardò e poi sorrise dicendo: «Che fine avevi fatto?»

Niall si limitò a fissarlo, senza rispondere.

«Sei sempre di molte parole. Adesso vediamo cosa trovano nella tua stanza, piccolo bastardo. Non vedo l'ora che ti mandino in prigione!» sputò la guardia serrando la presa sulle manette.

«Ora basta!» intervenne Mavis alzandosi.

La guardia prese il manganello che teneva nella cintura. «Stai al tuo posto, ragazzina» la intimidì.

Lei strinse i pugni per la rabbia; sobbalzò quando Niall le strattonò la maglia per indurla a sedersi.

«Tu vuoi farti ammazzare» le sussurrò in tono duro quando la guardia si allontanò da loro.

Mavis aggrottò la fronte, confusa. Aveva cercato di difenderlo e lui sembrava arrabbiato.

«Se le guardie si incazzano ti portano da Marcus. Vuoi questo? Vuoi che ti picchino fino allo sfinimento?» aggiunse Niall.

Mavis gli fissava la mascella rigida, gli occhi accesi da un fuoco scuro che creava ombre nelle iridi chiare. Scosse la testa.

«Tu non capisci, Mavis.» Poggiò i gomiti contro il tavolo, strofinandosi il viso con le mani. «Se ti portano da lui, io non posso fare niente per impedirlo, dovrei stare qui con la consapevolezza che ti stanno facendo del male.» Sospirò. Il fuoco si stava calmando. «Impazzirei» concluse.

Non sapendo cosa dire, Mavis guardò dritta a sé. Controllò che tutti i suoi amici fossero presenti e osservò alcuni inservienti muoversi tra i tavoli.

«Perché sei venuta prima da me?»

Mavis si girò verso Niall, che si era tirato su le maniche della felpa fino ai gomiti.

«Cosa?» chiese confusa e in preda all'ansia. C'era troppa gente in quella stanza. Stavano entrando altri inservienti e altre guardie, seguite da ragazzi con la tuta arancione. La mensa era stracolma.

«Perché quando hai saputo del controllo sei venuta prima da me, invece di andare nella tua stanza?»

Lei chiuse gli occhi, cercando di non pensare a tutti quei corpi ammassati. «Per lo stesso motivo per cui prima mi hai fermato. Non volevo che ti facessero del male. Non lo avrei sopportato.»

Niall sorrise. «Oh, principessa» gemette. Gli sembrava così strano che una persona si prendesse cura di lui.

Il respiro di Mavis si fece sempre più accelerato e irregolare.

«Stai bene?» domandò toccandole la schiena.

Lei scosse la testa. Si rifugiò tra le braccia di Niall e

gli appoggiò la testa contro il petto, tenendo gli occhi chiusi.

«Attacco di panico?» le chiese senza smettere di accarezzarla.

«Gli spazi grandi e affollati mi terrorizzano. Non so come si chiama... Mi fa male lo stomaco e il petto» cercò di spiegare.

«Stai tranquilla» sussurrò lui.

«Una volta, quando ero piccola, sono svenuta a una fiera.»

«Questa volta non succederà, Mavis.»

Le fece alzare la testa per fissarla negli occhi. «Ci sono solo io qui» disse accarezzandola.

Mavis riprese a respirare in modo normale. Mentre guardava il viso di Niall, le altre persone non esistevano più, il rumore della sala scomparve.

E ci sarò finché me lo permetterai.

«Dici sul serio?» urlò Niall alzandosi dalla sedia.

Zayn prese il foglio. «Può non sembrare una buona idea, ma...»

«È un'idea di merda» lo interruppe Niall.

Era notte, e le guardie si erano concentrate sull'ala Est lasciando quella Nord scoperta.

«Niall, ascoltami»

«No!» sbraitò. «Non daremo delle pastiglie a Mavis!»

«Se vedono che sta male la porteranno all'ospedale. In questo modo lei sarà al sicuro mentre noi scappiamo da qui.»

Niall si avvicinò al muro e ci appoggiò la fronte contro. Teso e arrabbiato com'era, pianse senza preoccuparsi della presenza di Zayn. Pianse perché trovava tutto così ingiusto, pianse perché voleva uscire da quel posto con Mavis, a tutti i costi.

27

Mean

«Pensaci» propose. Prese la biro tra le dita e se la passò sul dorso della mano. «Potrebbe essere l'unica soluzione.» Mentre parlava, Zayn teneva gli occhi bassi. «Se riusciamo a fuggire da qui, potremmo portarla via dall'ospedale e poi andare via. Non era questo che volevi, Niall? Andare via?»

Lui si girò di scatto stringendo la mascella, gli occhi bagnati di lacrime si accesero di fastidio. «Mi stai prendendo per il culo? Pensi che mi diverta a stare qui? A essere picchiato ogni settimana, a vivere sotto osservazione?»

«È per questa ragione che dobbiamo provarci, e questo è l'unico modo per far correre meno rischi possibili a Mavis. È la tua priorità, no? Che lei stia bene, non è così?» chiese a bassa voce.

«Sì, Zayn, esatto.» Si passò le mani tra i capelli chiari. «E non so perché, una volta non ero così. Tu sai cosa facevo.»

Zayn corrugò la fronte. «Parli del tuo attaccamento a lei come se fosse una colpa, una cosa sbagliata.»

«E se lo fosse? E se non fossi all'altezza di quello che potrebbe succedere fuori da qui? E se la deludessi? Se le facessi del male?»

«Non credo che lo faresti, in questi tre anni sei cambiato... Credo che tu abbia capito delle cose, cosa vuoi dalla vita» disse Zayn.

Niall appoggiò le mani sullo schienale della sedia. «Fuori da qui, vorrei passare la mia vita con Mavis, prendermi cura di lei» spiegò con una strana calma. «Ma non so se lei vorrà stare con me.»

«Perché non dovrebbe?»

«Non sarebbe strano, dopo tutto quello che ho fatto... Io non sto bene, Zayn. C'è qualcosa che non va qui dentro» disse indicandosi le tempie. «Qualcosa che adesso sta dormendo ma potrebbe risvegliarsi da un momento all'altro.» Si chinò sulle ginocchia e si prese la testa fra le mani. Intravide le scarpe di Zayn avvicinarsi, si sentì toccare una spalla.

Una volta quello era un gesto abituale tra loro, un tempo entrambi vivevano del contatto fisico con altre persone. Da quando era entrato in quel riformatorio, invece, Niall provava quasi disgusto nell'essere toccato da qualcuno che non fosse Mavis. Era una sensazione difficile da descrivere, gli sembrava di trovarsi in un corpo estraneo. Con sensazioni e percezioni diverse.

«Da quant'è che non prendi le medicine?» gli chiese Zayn.

«Da due mesi, forse di più» biascicò Niall realizzando che l'ultima pillola che aveva ingoiato era stata quella che gli aveva passato Mavis. La prima volta che i loro visi erano stati così vicini... Ricordava benissimo quella leggera frenesia mista a impazienza di baciare le sue labbra. Le trovava affascinanti, gli sembravano un letto di rose fresche. Chiuse gli occhi deglutendo.

«Se non vuoi che quel qualcosa faccia del male a Mavis, ti conviene prenderle» suggerì Zayn.

Niall si morse il labbro inferiore stringendo le mani tra loro. «Quella roba mi fotte il cervello.»

Zayn ridacchiò. «Non siamo in un cazzo di ospedale psichiatrico, quella roba sarà al massimo Valium. Serve solo a rilassarti.» Gli porse una mano e lo aiutò ad alzarsi. «E tu ne hai bisogno. Adesso è meglio andare a dormire, domani ne parleremo con i ragazzi.»

«A Mavis lo dirò io, quando sarà il momento» lo interruppe Niall.

Zayn sorrise e lo accompagnò nella sua stanza. «Buonanotte» sussurrò dopo aver chiuso a chiave la porta della 105.

«Aspetta» lo chiamò Niall. «Perrie come sta?»

Zayn alzò le spalle. «Bene. Ha iniziato il college.» Si sforzò di sembrare tranquillo.

«Cosa studia?»

«Biologia, è la migliore del suo corso.» Nella sua voce c'era una punta di fierezza.

«Sono felice per lei. Cosa ti ha detto?»

Zayn abbassò lo sguardo. Pensare a lei gli faceva così male. «Che ci aiuterà.»

«Pensi che lo farà sul serio?»

«Ci spero» rispose, per poi raggiungere la sua stanza e chiudersi la porta alle spalle.

Mavis era stesa sul letto e rifletteva.

Da un paio di giorni sentiva un peso sul cuore, che si faceva più intenso quando era con Niall. Non era un sentimento positivo, ma una sensazione di allerta, come se il suo corpo volesse proteggerla da un pericolo imminente. Prima di finire là dentro, di quali nefandezze si era macchiato Niall? Fino a che punto si era spinto? Ma soprattutto, si chiedeva Mavis, come aveva fatto a cambiare così tanto dopo solo tre anni di riformatorio?

Si mise a sedere, rinunciando definitivamente all'idea di dormire. La mattina seguente le sue occhiaie sarebbero state ancora più marcate, ma non le importava, in quell'istituto era normale. Anzi, sarebbe stato strano il contrario.

Aveva notato come le barbe di Zayn e Louis crescessero rapidamente, proprio come i capelli di Harry e Liam. Sembravano indifferenti al tempo che scorreva, cose se accettassero il fatto di essere lì.

Pochi secondi dopo si appoggiò al muro e fissò il soffitto. Sospirò, pensando in quale casino si sarebbe messa se avesse cercato di scappare. Ma doveva provarci. Doveva farlo per Killian, che sarebbe cresciuto senza una sorella, e per sua madre, che non aveva accanto la sua figlia maggiore. Chiuse gli occhi e ripensò alla sua vecchia camera da letto. Se la ricordava bene. Ricordava le fotografie dei suoi amici appese dentro l'armadio, amici che tutt'a un tratto le avevano voltato le spalle quando per la gente Mavis era *cambiata*, era diventata *cattiva*.

Ricordava i poster dei suoi gruppi preferiti, i maglioni buttati alla rinfusa nell'armadio, sua madre che le urlava di metterli apposto e lei che puntualmente la ignorava.

In fondo, quella vita non le mancava più di tanto: adesso aveva altre cose per cui alzarsi al mattino e affrontare la giornata.

Chiuse gli occhi, stringendosi tra le braccia mentre le prime luci dell'alba le accarezzavano le guance lattee.

* * *

Harry si mise un braccio sopra gli occhi per proteggersi da un raggio di sole che gli solleticava le palpebre. Sbuffò sentendo la guardia urlare e si alzò in fretta, senza pensare troppo al letto caldo che aveva appena lasciato.

Presto sarebbe andato via da quel posto. «Solo cinque mesi» aveva detto sua madre quando era venuta a trovarlo.

Harry aveva sperato di vedere anche Gemma in quell'ultimo colloquio... invece niente. Non aveva più incontrato sua sorella dal giorno in cui era uscito dal tribunale per mettere piede in quel dannato riformatorio. Ricordava ancora la delusione nei suoi occhi. Si somigliavano così tanto...

Scosse le spalle e aprì la porta della cella. La guardia gli lanciò un asciugamano sul viso, ridacchiando nel vedere la sua espressione infastidita.

Senza dire una parola, Harry si avviò alle docce a passo lento.

«Strano che faccia così bello in questo periodo.»

Si girò verso Liam, annuendo.

Lui lo affiancò e aggiunse: «Oggi ci sono novità. Zayn deve parlarci.»

Harry sorrise; avrebbe fatto di tutto per uscire subito da quel posto. Entrò nello spogliatoio, ma si bloccò non appena vide Zayn; aveva il viso rivolto verso il muro, Louis gli teneva una mano sulla sua spalla.

C'erano altri due ragazzi, ma entrarono subito nelle docce intuendo la tensione che si era creata.

«Zayn, devi dirci qualcosa?» chiese Harry avvicinandosi. Per non farlo sentire in imbarazzo, finse di non aver notato il suo stato animo.

Zayn si girò di scatto e annuì, passandosi una mano sugli occhi lucidi. «So come uscire da qui» disse a bassa voce.

«Okay» commentò Liam. «Parla.»

«Al secondo piano, nell'ufficio di Marcus, c'è la chiave delle cucine. Una volta presa, sbloccare la porta dell'ala Nord dalla sala di controllo e ci intrufoleremo nella mensa. Quindi raggiungeremo le cucine e usciremo dalla porta dello scarico merci.» Parlò velocemente. «Sembra complesso, ma vi assicuro che non lo è.»

«Stai scherzando, vero?» sbottò Harry sedendosi su una panchina di legno, umida per il vapore che proveniva dalle docce.

«Il secondo piano è pieno di guardie e l'ufficio di Marcus è impenetrabile. Per non parlare della porta dello scarico merci. Ha un sensore di movimento: se la apri, suona» spiegò quasi infastidito.

«Per la questione del secondo piano e di Marcus, non ci dobbiamo preoccupare, sarà 105 a fare quella parte del lavoro» rispose Zayn guardando le mattonelle sotto i suoi piedi.

«Lui viene con noi?» chiese Liam.

Zayn annuì.

«Allora ci sarà anche Mavis» dedusse Louis. «Lei è okay, ma ci rallenterà. Lo sai, vero?»

«Quando noi proveremo a scappare, lei sarà già fuori di qui. Dobbiamo solo preoccuparci di aspettare 105 nella mensa e poi uscire» ribatté Zayn.

«E i sensori, e le guardie?» lo incalzò Harry.

«L'importante è non farsi fermare! Se le guardie ci beccano, tutti insieme le possiamo mettere facilmente KO. E per quanto riguarda il sensore, se agiremo veloci e coordinati, saremo già fuori quando suonerà l'allarme.»

«Abbiamo un passaggio? Qualcuno che ci aspetta fuori da questo inferno?»

Zayn annuì ancora.

28

Speechless

«Lo sapevo che sarebbe finita così» borbottò Marcus.

Sbatté un pugno sulla superficie liscia e lucida della scrivania di mogano facendo cadere a terra la lampada. Sospirò passandosi una mano tra i capelli bianchi. Fece girare la poltrona e guardò per qualche istante fuori dalla grande vetrata trasparente. «L'avevo detto o no?» chiese retoricamente.

Il giovane in piedi davanti alla porta annuì, per poi sussurrare un debole: «Sì, signore.»

«Ma come al solito nessuno mi ascolta» continuò il direttore alzando il tono di voce.

«Cosa propone di fare?» chiese l'altro avvicinandosi alla scrivania. Si piegò per raccogliere la lampada e la rimise al suo posto.

Marcus si alzò e iniziò a camminare avanti e indietro per l'ufficio, con le mani dietro la schiena. «Bisogna dividerli.»

«Ma signore...» cercò di intervenire il giovane.

«È necessario. Niall sta facendo credere a tutti che è possibile uscire da qui. E noi non possiamo permetterlo.»

L'uomo abbassò la testa. «Quindi come intende procedere, signore?»

«Portami Niall, metteremo di nuovo in chiaro alcune cose» disse Marcus. «Lui non ha capito che è solo grazie a me se a quest'ora non sta marcendo in uno schifoso carcere.»

«È soltanto un ragazzo» lo difese l'uomo. «Non capisce ancora tante cose.»

Marcus lo afferrò per il bavero della giacca. «Stammi a sentire, Greg» sussurrò a denti stretti. «La tua famiglia mi deve la vita, tuo fratello dovrebbe inchinarsi quando mi vede.»

Lo lasciò di scatto, facendolo arretrare di qualche passo.

«Niall è un indisciplinato e va rimesso in riga» terminò Marcus, tornando di nuovo alla finestra.

«E la ragazza?» chiese Greg sistemandosi la camicia stropicciata. «A lei cosa farete?»

«Lei e Niall hanno instaurato un bel rapporto, vero?» domandò Marcus sorridendo.

«Non la seguo, signore...» Il giovane corrugò la fronte.

«La signorina Holmes si siede sempre a tavola con lui e trascorre in sua compagnia le ore di svago. Mi è stato riferito dalle guardie e confermato da Margaret» spiegò. «Anzi, ricordami di ringraziarla per le informazioni che ci sta dando e di aumentarle lo stipendio.»

«Sì, be', loro hanno...» Greg cercò le parole «instaurato una specie di amicizia.»

«E a quanto pare hanno messo insieme un bel gruppetto con altri detenuti. Campbell, King, Baker, Hall, e anche la signorina Solaria. E sai come si fa a distruggere un gruppo, Greg?»

«Non saprei, signore» rispose lui a bassa voce. Serrò forte le mani dietro la schiena per cercare di trattenere il dolore che lo stava investendo.

«Partendo dai leader, ovviamente» disse Marcus.

«Signore, non penso sia la soluzione giusta. Punire fisicamente non è la politica del nostro istituto e...» cercò di farlo ragionare.

«A nessuno importa del nostro istituto, Greg, e a nessuno deve importare. Dico bene?» lo interruppe sorridendo. I suoi occhi azzurri squadrarono quasi con divertimento la mascella tesa di Greg. Dopo qualche secondo di silenzio aggiunse: «Fammi portare anche la ragazza. Dopo aver finito con lei, la sbatteremo nell'ala Est» concluse.

«Lui impazzirà» disse Greg in tono disperato.

«È proprio quello che voglio.» Marcus andò verso la porta e la aprì. «E ora vai a chiamare le guardie.»

«Sì, signore» rispose Greg uscendo.

«E ritieniti fortunato a non essere stato licenziato per aver permesso a una ragazzina di sottrarre un documento dalla tua scrivania.»

Marcus richiuse la porta e andò verso la poltrona. Si tolse l'elegante giacca che indossava, l'appoggiò sullo schienale, sbottonò i gemelli e si arrotolò le maniche della camicia fino ai gomiti. Quindi si mise a sedere e aspettò.

«Buongiorno!» urlò una guardia spalancando la porta del corridoio.

Mavis aprì gli occhi.

«E sai perché è un buon giorno, Jenkins?» continuò la guardia.

Mavis si alzò titubante e si affacciò alla finestrella. Poteva vedere solo la schiena della guardia e la sua mano appoggiata sulla porta della cella 105.

«Perché Marcus in persona ha chiesto di te! Non è fantastico?»

Mavis era sul punto di uscire quando dalla finestrella della camera di fronte spuntò la testa di Louis.

«No, Mavis» la pregò. Vedendola uscire nel corridoio, le ripeté la stessa frase a voce più alta. La seguì, cercando di trattenerla per un braccio, ma lei aumentò la velocità quando la guardia entrò nella stanza 105.

Mavis spalancò la porta e si avventò sull'uomo che aveva messo le manette a Niall. Si aggrappò a lui con tutta la forza che aveva, e a un certo punto i suoi piedi non toccarono più terra. «Lascialo stare!» gli urlò.

La guardia la spinse a terra, ma lei si rialzò e tornò a gridargli contro.

«No, Mavis!» urlò Niall. «Vattene, Mavis! Vattene via!» Il suo respiro era leggermente affannato, ma non oppose resistenza quando la guardia lo prese per i polsi ammanettati e lo spinse nel corridoio. Lo assecondò per non peggiorare le cose ed evitare che Mavis si agitasse ancora di più, ma lei si aggrappò alla sua maglia arancione.

«Louis!» chiamò Niall. Lui gli fece un cenno d'intesa e prese Mavis per le spalle. La tirò contro il proprio petto e la bloccò circondandole i fianchi con le braccia.

«Niall» gemette lei divincolandosi dalla presa di Louis. Corse verso le due figure che si stavano allontanando, quando due mani forti la afferrarono per i polsi e la ammanettarono.

Mavis cercò di girarsi, ma la guardia che la teneva la spinse in avanti. Da dov'era sbucata? «Niall!» urlò più forte.

Lui si voltò all'istante, riconoscendo quell'improvviso cambiamento di tono.

Louis cercò di avvicinarsi, ma due guardie lo bloccarono.

Altri uomini in divisa si avventarono su Niall, impedendogli di raggiungere Mavis. Lo immobilizzarono, gli tapparono la bocca con un bavaglio e lo condussero a forza in una camera buia.

Niall era già stato lì.

Le guardie lo costrinsero a inginocchiarsi e, dopo qualche minuto di silenzio, la porta si spalancò. Niall strinse gli occhi per la troppa luce, riaprendoli soltanto quando sentì l'anta richiudersi.

Marcus camminava davanti a lui, le mani incrociate sullo stomaco. Si chinò e con uno strattone gli tolse il bavaglio.

Niall gli sputò sul viso.

Il direttore gli diede uno schiaffo, si sollevò e si pulì la faccia con un fazzoletto di stoffa. Poi si allentò la cravatta e la gettò a terra. «Stupido ragazzo» sussurrò avvicinandosi di nuovo. «Avrei dovuto sbatterti in prigione.» Fece cenno alle guardie di allontanarsi.

«Bastardo!» urlò Niall. «Sei solo un bastardo!»

Marcus gli diede un altro schiaffo. «Attento a come parli» disse afferrandogli il mento. «Pensavi davvero di fregarmi?»

Niall cercò di alzarsi, ma lui con un calcio lo spinse con la faccia a terra.

«Vuoi picchiarmi?» gridò Niall. «Allora toglimi queste manette, fai uscire le guardie e giochiamo ad armi pari.»

«Oh, no» rispose velocemente Marcus. Lo tirò per i capelli biondi mettendolo a sedere. «Tu non capisci. Io non ho alcuna voglia di giocare con te. Io voglio punirti, Niall, voglio vederti soffrire» disse lui tranquillamente.

«Lo stai facendo nel modo sbagliato, allora.»

«Lo so, ragazzo, ma preferisco tenermi l'asso nella manica ancora per un po'.»

Niall cercò di saltargli addosso, ma le manette troppo

strette lo fecero gemere. Si morse il labbro inferiore cercando di trattenersi.

«Così, tu e il tuo gruppo di disagiati volevate scappare eh?» Ridacchiò.

«Vaffanculo!»

Marcus gli prese il viso tra le mani. «Già immagino i titoli dei quotidiani: 'Niall Jenkins, accusato di sequestro di persona,» strinse la presa facendolo urlare «stalking e maltrattamenti, riesce a evadere dal riformatorio più famoso del Maryland.'»

«Se la gente sapesse quello che fai qui dentro, anche tu saresti in carcere» ribatté Niall cercando un contatto visivo.

«Sai, preferivo quando stavi zitto.» Marcus rise. «Ora dimmi qual è il tuo piano per uscire da qui.»

«No.»

«Dimmelo!» urlò il direttore scuotendogli la testa.

Niall si divincolò dalla sua presa e cadde di nuovo a terra. Le ginocchia gli dolevano e, dalla sostanza appiccicosa che sentiva tra le dita, capì che i polsi avevano cominciato a sanguinare.

«Okay, va bene. Sappi solo che tutto questo l'hai voluto tu.»

Il respiro di Niall accelerò quando Marcus urlò: «Portatela dentro!»

La porta della stanza si aprì con un colpo.

«Eccola qui, la piccola ladra» sussurrò Marcus avvicinandosi al corpo steso a terra.

«Mavis?» disse Niall con il cuore in gola.

Dei lamenti soffocati da un bavaglio di stoffa riempirono l'aria.

«Mavis!» sbottò. «Non la toccare, Marcus, non la toccare!»

L'uomo la sollevò da terra, fece qualche passo e la gettò ai piedi di Niall. Lui cercò di muovere le mani, ma i tagli sui polsi gli ostacolavano i movimenti. «Mavis mi dispiace, mi dispiace» le sussurrò iniziando a piangere.

Quando Marcus la tirò in piedi per le spalle, lui urlò di rabbia e provò ad alzarsi, ma il direttore lo atterrò con un calcio. «Ora dimmi come volevi uscire da qui» gli disse con tono fermo.

Niall non rispose.

Marcus colpì lo zigomo della ragazza con un pugno, facendola crollare a terra.

«No!» gemette Niall. Si voltò verso l'uomo. «Io ti ammazzo, giuro che ti ammazzo!»

Marcus iniziò a tirare calci al corpo inerte di Mavis. Niall, ammutolito per lo shock, pensò che forse era una fortuna che fosse svenuta, avrebbe sentito meno dolore.

«Dimmelo, ragazzo. O potresti non riconoscerla quando uscirete da qui» lo minacciò. Non ottenendo alcuna risposta, la afferrò per i capelli. «Guardala» la indicò. «La stai uccidendo!» La colpì ancora una volta.

«Okay, basta, ti prego, basta!»

Marcus lasciò Mavis a terra e si allontanò da lei.

«Volevamo uscire dalla mensa, tutto qui» disse Niall in lacrime. «Lo giuro.»

Marcus lo fissò a lungo, dopo qualche secondo annuì e si scostò per parlare con le guardie.

Niall strisciò verso il corpo di Mavis. Avvicinò il viso al suo e le accarezzò la fronte con il naso. «Principessa» la chiamò. «Guardami, Mavis» la pregò, bagnandole la fronte con le proprie lacrime.

Gli occhi grandi di Mavis si aprirono titubanti, gonfi. Disse qualcosa che Niall non riuscì a capire a causa dello straccio che le copriva le labbra.

«Scusami, Mavis, perdonami.» Premette le labbra contro la stoffa che copriva le sue. «Resisti, Mavis» le sussurrò.

Lei lo guardò spaventata, sporgendosi verso di lui quando le due guardie si avvicinarono.

«Portatela nell'ala Est» ordinò Marcus.

«Cosa? No! Non potete!» urlò Niall fuori di sé.

Mavis rabbrividì sentendosi sollevare dalle gambe e dalle spalle. Guardò Niall urlare un'ultima volta prima di chiudere gli occhi.

Poi, solo buio.

29

Hold on

Spalancò gli occhi senza vedere nulla. Cercò di abituare le pupille al buio ma non ci riuscì. Il nero la circondava, e per la prima volta ne ebbe paura. Paura dell'ignoto e di quella sensazione sconosciuta che le premeva sullo stomaco. Dove si trovava?

Tastò la superficie su cui era sdraiata, sembrava morbida. Quando spinse la testa all'indietro capì di essere su un letto, ma non era il suo. Tastò dei sostegni di metallo che andavano verso l'alto. Allungò le braccia e toccò una specie di rete. Un letto a castello.

Provò a muoversi senza far rumore, nonostante non fosse sicura che ci fosse qualcun altro.

Distingueva a malapena i momenti in cui aveva gli occhi chiusi da quelli in cui li teneva aperti. Il nero era così profondo e totale che sembrava affogarla. Quello non era il nero che aveva immaginato e desiderato, non era accogliente né rilassante. Quel nero era soltanto opprimente, pesante.

Provò a immaginare di essere con Niall e prese una boccata profonda. Se ne pentì non appena tutti i muscoli dell'addome si tesero, facendole emettere un gemito. Si portò una mano sullo stomaco e si morse il labbro inferiore. Un dolore lancinante le trafiggeva la parte centrale del corpo, e se tirava su gli zigomi, stringendo i denti, poteva sentire anche un fastidio alla guancia.

Strinse il lenzuolo sotto di sé, il corpo le fremeva per il dolore.

Dolore... Niall...

A palpebre serrate poteva ricordare meglio il suo viso martoriato e sofferente. Lo rivide piangere e scusarsi di qualcosa che non poteva controllare, che non dipendeva da lui. Non avrebbe mai potuto impedire a quell'uomo di farle del male, anche se lo avesse desiderato con tutto il suo corpo e la sua anima. Non poteva far altro che stare a guardare, e quello, Mavis se lo sentiva, lo aveva distrutto.

Lei non aveva avuto neanche il tempo di realizzare cosa stesse accadendo. Era stata trascinata in quella stanza ed era avvenuto tutto così velocemente... Aveva cercato di urlare quando aveva visto Niall inginocchiato davanti a Marcus, gli occhi bagnati di lacrime, la bocca tesa in una smorfia di dolore, ma il bavaglio glielo impediva.

Qualcosa l'aveva colpita sulla guancia... L'ultimo ricordo che aveva era quello di Niall coricato accanto a lei che le baciava la fronte e le diceva: «Resisti.» Dopo, il buio totale. Come se quella parola, pronunciata da Niall, fosse stato il via libera per lasciarsi andare, per riposare. E Mavis lo aveva fatto; ricordava di aver pensato che lui le avesse dato il permesso di abbandonarsi a sé stessa.

«*Resisti.*» La voce di Niall riecheggiò nella sua testa dolorante.

Quando sentì una serratura aprirsi, Mavis sospirò e irrigidì tutti i muscoli.

Una luce chiara e accecante le fece stringere gli occhi. Si portò una mano sul viso per schermare la luce.

La porta sbatté contro il muro e una voce gridò: «Colazione!»

Mavis sentì il materasso sopra di lei muoversi rumorosamente e vide due gambe penzolare nel vuoto.

La persona che occupava il letto si diede una spinta contro il sostegno di ferro e atterrò sul pavimento con un tonfo sordo. Dandole le spalle, si stiracchiò sollevando le braccia e torcendo il busto coperto da una felpa arancione. Poi si girò e fissò Mavis.

Lei la osservò a sua volta, incuriosita e spaventata.

Nonostante l'aria mascolina, si trattava di una ragazza. Si tirò su una manica della tuta arancione, rivelando il braccio tatuato. «Ehi, Jason» disse con voce roca e bassa continuando a fissare Mavis.

Dopo qualche secondo di silenzio, si voltò di nuovo. Si sporse sul materasso dell'altro letto a castello e diede una pacca al mucchio di coperte. «Jason, sveglia!» ripeté più forte.

La rete cigolò e un tipo fece capolino da sotto le lenzuola. Aveva i capelli castani leggermente lunghi e scompigliati. «Che vuoi?» sussurrò con voce impastata di sonno.

«La ragazza si è svegliata» rispose. «Ora è un tuo problema.»

La tipa si girò di nuovo a guardarla, ascoltò il ragazzo borbottare qualcosa e, senza aggiungere una parola, uscì dalla stanza.

Mavis si alzò a sedere. Osservò confusa il ragazzo scendere dal letto e passarsi una mano sulla faccia insonnolita.

Dopo aver tirato la maglia verso il basso nel tentativo di darsi una sistemata, si avvicinò a lei e si presentò. «Jason, piacere» disse, porgendole la mano.

Lei gliela sfiorò appena. «Mavis» sussurrò.

«Bene, Mavis.» Fece per aiutarla ad alzarsi, ma si fermò di colpo quando la luce del corridoio le illuminò il viso. «Oh, cristo.»

«È messo così male?» domandò lei.

«No, cioè...» Sospirò mettendola in piedi. «Chi te lo ha fatto?»

Iniziarono a camminare, il corridoio ormai vuoto era inondato di luce.

«Marcus.»

Jason annuì, strinse gli occhi grigi e nascose le mani nelle tasche dei pantaloni. «Sai dove ti trovi?» chiese.

«Dovrebbe essere l'ala Est» rispose lei. «Ci sono già stata qui.» Si guardò intorno, le stanze erano uguali a quelle dell'ala Nord, ma c'erano più persone dentro.

Jason la guidò verso una sala mensa diversa da quella che aveva sempre frequentato.

Ogni tanto Mavis gli lanciava un'occhiata, cercando di intuire il suo carattere. Sembrava un tipo semplice; niente tatuaggi o piercing, il viso leggermente scavato, le tipiche occhiaie.

«Sai perché sono qui?» Mavis lo guardò.

«So soltanto che starai nell'ala Est per due settimane e che dormirai nella nostra stanza» spiegò aprendo la porta della mensa.

La sala era gremita, il vociare quasi assordante.

Mavis seguì Jason a testa bassa. La sua tuta verde spiccava in tutto quell'arancione. Si sorprese nel vedere molte più ragazze lì che nella sua ala.

Jason le porse un piatto di plastica con dentro della pasta e si sedette davanti a lei. In quella mensa i tavoli erano molti di più, ma potevano ospitare solo due persone.

«Ti spiace se ti faccio qualche domanda?» chiese lui

dopo alcuni minuti di silenzio. «È da tanto che non incontro una persona nuova.»

«Fai pure.»

«Quanti anni hai?» Jason prese una forchettata di pasta.

«Diciotto. Tu?»

«Diciannove. Hai fratelli o sorelle?»

Lei si irrigidì. «Un fratello più piccolo, Killian.»

«Io due sorelle, più piccole anche loro. Jennifer e Ronnie» disse apatico.

Seguirono altri minuti di silenzio.

«Perché sei qui?» chiese Mavis.

«Alcolismo» rispose. «Una sera sono salito in macchina ubriaco e ho investito un ragazzo.»

Mavis sgranò gli occhi.

«Non dovresti essere in carcere?» Non voleva giudicare, era solo curiosa. In quell'istituto c'erano tanti detenuti colpevoli di reati gravi.

«Sovraffollamento delle carceri. I più pericolosi stanno dietro le sbarre, chi si sa controllare in questo posto di merda.»

Mavis annuì, poi una piccola speranza le attraversò la mente. «Conosci il ragazzo della stanza 105?»

30

Real

Niall si passò le dita sul volto, soffermandosi sulle labbra. I gomiti posati sulle ginocchia, il busto piegato in avanti, se ne stava seduto su quella sedia guardando la porta davanti a sé.

Allungò le mani sulle cosce e appoggiò il busto allo schienale. Sospirò, sentendo le palpebre farsi sempre più pesanti.

Non sapeva che ore fossero, quanti giorni fossero passati. Preferiva ignorare da quante notti non dormiva, da quanto tempo lei non c'era più.

Una ciocca di capelli gli cadde davanti agli occhi e lui non si sforzò neanche di scostarla. Incrociò le braccia al petto ed ebbe la sensazione di abbracciare una scatola vuota. Era certo che lì dentro non ci fosse più niente, niente di reale, perlomeno.

Quella sensazione non gli era nuova, in qualche modo gli apparteneva. Era come se avesse ritrovato una vecchia conoscenza che Mavis, chissà come, era riuscita ad allontanare da lui. E adesso quel dolore antico lo stava accogliendo di nuovo tra le sue braccia scheletriche.

Si sentiva così impotente. Senza capacità di giudizio o pensiero.

Si alzò di scatto e si mise a camminare per la camera. Quando sentì la porta aprirsi, si voltò.

«Ciao» lo salutò Greg entrando nella stanza.

Niall non rispose, apatico fino alla manica della sua felpa arancione. «Cosa succede?» chiese dopo qualche istante.

Non sapeva perché suo fratello lo avesse convocato; ogni tanto parlavano, ma in quei giorni Niall voleva soltanto stare da solo e piangersi addosso. Si sentiva troppo debole per fare qualsiasi altra cosa.

«Dopo aver saputo del vostro piano di fuga, Marcus ha aumentato la sorveglianza sull'area mensa» disse Greg. «Davvero volevi scappare?»

Lui annuì e si appoggiò alla parete.

«Ma perché? Potresti uscire tra poco più di un anno per buona condotta.»

«Lei non se lo merita» biascicò. Da giorni non faceva altro che ripetersi mentalmente quelle parole, come un vecchio ritornello di cui non riusciva a liberarsi. Gli sembrava di impazzire.

«Lei? Mavis?» Suo fratello sospirò. «Niall, cristo santo.»

«So cosa stai per dire, e non voglio sentirlo.»

«Perché vuoi metterla in mezzo?» Greg si passò una mano tra i capelli.

Perché la voglio, pensò lui. Stare con Mavis era l'unica cosa che desiderasse, in quei giorni lontano da lei quella sensazione si era acuita fino a diventare incontenibile.

«È stata lei a venire da me» spiegò Niall. Gli tornò in mente la prima volta che aveva incontrato Mavis, quando lei era stata portata nella sua stessa stanza, nell'ala Est.

«Spero solo che tu sia consapevole delle tue azioni. Se farai ancora qualche casino, non potrò intervenire» spiegò Greg.

«Okay» rispose Niall chiudendo gli occhi. Provò a immaginare le mani di Mavis sul proprio collo, i suoi capelli lunghi che gli solleticavano il viso. Si sentì meglio. «Quanti giorni sono passati?» chiese poi.

«Cinque.»

Niall annuì. Si sentiva la testa vuota, era incapace di formulare un pensiero coerente. «Greg» disse a un tratto.

Suo fratello si portò le mani al colletto della camicia azzurra, allentò la cravatta e slacciò un bottone. «Dimmi.»

«Come...» sospirò «come sta tuo figlio?»

Greg aggrottò le sopracciglia, sorpreso e felice per quella domanda insolita. «Bene, ha iniziato a camminare.» Ridacchiò. «Vuoi vederlo?»

Niall annuì.

Suo fratello prese dalla tasca posteriore il portafogli, lo aprì e tirò fuori una fotografia piegata a metà. La guardò sorridendo e poi gliela mostrò.

Niall osservò il bambino ritratto nella foto. Aveva i capelli biondissimi e dei grandi occhi blu, guardava l'obiettivo con un sorriso raggiante.

«Ti somiglia» disse Greg.

Niall sorrise. Era vero; rivide in lui i suoi stessi occhi e per un secondo il petto non gli sembrò così vuoto. «Lei è tua moglie?» chiese indicando la donna sullo sfondo che stava tendendo le braccia verso il bambino. Aveva i capelli biondi, lunghi e lisci.

«Sì.» Un nuovo sorriso illuminò il viso di Greg. «Denise.»

«Posso chiederti una cosa?»

Il fratello maggiore rimise a posto la foto. «Certo.»

Niall sospirò, si scostò dal muro e iniziò a camminare nervosamente. «Cos'hai provato? Cos'hai provato la prima volta che hai visto Denise? Intendo dire... Cazzo, sono così confuso, Greg...»

«Ho provato pace. In quel periodo tutti mi trasmettevano rabbia e rancore, e invece lei... lei era la pace, la tranquillità. Quando le ero vicino mi sentivo sereno, in armonia con me stesso e con il mondo.»

Niall restò immobile, le braccia lungo i fianchi e gli occhi chiusi mentre ascoltava le parole che lui non sarebbe mai riuscito a dire.

«Lei riesce a calmarmi, a farmi ragionare. Le devo tanto, Niall. Sarò sempre in debito con lei. Denise mi ama, e ancora oggi non so il perché, ma le sono grato, infinitamente grato per avermi dato Theo e milioni di altre ragioni per vivere.» Avvicinandosi alla porta, si fermò ad accarezzare la spalla del fratello minore. «Niall, ti auguro di incontrare qualcuno che ti faccia provare le stesse sensazioni.»

Sorrise malinconicamente e uscì dalla stanza.

«Eccomi» disse Liam chiudendo la porta.

Con un cenno della testa, Harry gli indicò di sistemarsi sulla sedia accanto a lui.

La stanza in cui si trovavano era priva di finestre, ma la lampadina che pendeva dal soffitto la illuminava abbastanza da rivelare che si trattava di uno sgabuzzino degli inservienti.

Liam si guardò intorno. C'erano solo Louis, Harry e Francesca. Quest'ultima gli rivolse un sorriso che lo fece arrossire.

«Zayn?» chiese.

«È con 105» gli spiegò Harry. «Sta cercando di non farlo andare fuori di testa o qualcosa del genere.»

«Perché?»

«È proprio di questo che dobbiamo parlare. Zayn mi ha chiesto di informarvi delle novità.»

Louis posò la saponetta colorata con cui stava giocherellando e si sistemò in posizione eretta sulla sedia. Francesca accavallò le gambe.

«Mavis è stata mandata per due settimane nell'ala Est» esclamò Zayn.

Francesca si posò una mano sugli occhi. «Lo sapevo» commentò a voce bassa. «Sapevo che le avevano fatto qualcosa.»

Sembrava sconvolta e, a vederla così, Liam sentiva l'istinto di stringerla tra le sue braccia e rassicurarla.

«Marcus ne ha date di santa ragione sia a lei che a 105» aggiunse Harry.

«Cristo» biascicò Louis.

«Perché? Come mai?» domandò Liam non capendo il motivo di quella rabbia scaricata sui due ragazzi.

«Marcus è venuto a sapere del nostro piano di fuga. Da oggi dovremo fare ancora più attenzione ed evitare di parlarne in pubblico. È troppo rischioso.»

Louis e Liam annuirono, mentre Francesca continuava a tenersi le mani sul volto pallido.

«La cosa positiva è che 105 non gli ha detto proprio tutto. Basterà apportare delle piccole modifiche al piano. Zayn ci sta già lavorando» terminò, strofinandosi le mani contro le gambe.

«Quindi cosa salviamo del vecchio piano?» chiese Louis.

«Allora,» Harry si sporse in avanti «come avevamo stabilito, agiremo di notte, durante il cambio delle guardie, e Mavis in quel momento sarà già in ospedale. Quello che dovremo ripensare è l'uscita da utilizzare. La mensa e le cucine non sono più praticabili» riepilogò a grandi linee. Guardò per qualche secondo la ragazza di fronte a sé. «E inoltre,» continuò «qualcuno dovrà affiancare Francesca e aiutarla nello svolgimento del piano.»

Lei puntò lo sguardo su Harry; sapeva di essere un peso, e le dispiaceva.

«Lo faccio io» intervenne Liam.

Si voltarono tutti a guardarlo. Francesca aggrottò la fronte.

«Ci penso io a lei» aggiunse.

31

Give up

Jason era steso a pancia in su, i piedi puntati contro l'impalcatura di ferro del letto a castello. Incrociò le braccia dietro la testa e guardò Mavis dall'altra parte della stanza.

Era seduta a terra, teneva la schiena contro il muro, le gambe al petto e la testa poggiata sulle ginocchia. Il freddo che filtrava dal pavimento le ghiacciava le ossa e l'anima.

«Urlava» disse lui.

Mavis alzò lo sguardo.

Jason si stava mettendo a sedere. Si era tolto la felpa e adesso indossava soltanto una canotta bianca. «Urlava così forte...» continuò. «C'erano un sacco di guardie a tenerlo. Sembrava disperato.»

Lei lo guardò inespressiva. «Tu sai perché è qui?»

Jason corrugò la fronte e sospirò. I motivi per cui una persona indossava quella tuta non potevano che essere gravi, lui lo sapeva bene. E sapeva anche quanto facesse male avere la consapevolezza che fuori da quel riformatorio il mondo andava avanti senza aspettarli. Lui ormai non ci pensava più, fuori da quell'edificio non c'era più niente ad attenderlo. La sua famiglia gli aveva voltato le spalle, e lei... lei non c'era più.

La macchina sfrecciava sulla strada asfaltata a tutta velocità. Gli occhi di Jason erano fissi su un punto impreciso davanti a lui, le sue mani stringevano forte il volante nero mentre cercava di non ascoltare la voce che gli parlava accanto.

Quello che stava dicendo era così assurdo... Lui scosse la testa.

«Jason» piagnucolò quella voce.

Per qualche secondo il ragazzo guardò alla sua destra.

Nel sedile del passeggero era seduta Cassandra, il viso coperto da entrambe le mani, come se si stesse nascondendo. «Rallenta, per favore» ripeté, la voce impastata dal pianto.

«Non dirmi cosa fare!» urlò lui. Era così stanco, e la macchina su cui viaggiavano iniziò a sbandare.

«Ho paura» sentì sussurrare.

«Cassandra, basta!» Jason strinse le mani attorno al volante e spinse più a fondo l'acceleratore.

«Stai andando troppo veloce. Ti prego Jason, rallenta.» La ragazza si strinse contro il sedile e si portò le mani sul ventre. «Non farci questo» biascicò.

Lui la guardò ancora una volta. «Io posso prendermi cura di voi, Cassandra. Ce la faccio.»

Non era di quello che lei stava parlando in quel momento. L'alcol nel sangue di Jason faceva emergere le sue paure più nascoste, quelle a cui non avrebbe mai avuto il coraggio di dare voce. Quando guardava Cassandra vedeva il futuro, vedeva loro due insieme con in braccio un bambino. Ci fantasticava da giorni, e ogni volta la gioia era oscurata da un'angoscia profonda e opprimente.

Cassandra era il suo futuro. Lo era, prima che la sentisse urlare con tutta l'aria che aveva nei polmoni: «Jason!»

***

«Jason.»

Il ragazzo guardò Mavis e scosse le spalle. Il pensiero di ciò che aveva distrutto lo avevano segnato nel profondo. Sapeva che il rimorso di quell'incidente lo avrebbe accompagnato per il resto della sua vita.

«Sì» disse semplicemente.

Lei lo guardò, sporgendosi in avanti in attesa che continuasse.

«Lo vuoi davvero sapere?» le chiese.

Mavis non pensava che Niall fosse cattivo, ma una domanda la tormentava. Chi era davvero? Il ragazzo che aveva conosciuto in quei mesi e di cui si era innamorata era il vero Niall? O solo una finzione?

Lei non fingeva, il dolore che provava per la sua lontananza era forte e tangibile. In lui aveva trovato una tranquillità che non aveva mai conosciuto prima.

Niall rappresentava tutto ciò che Mavis aveva sempre guardato da lontano, con ammirazione e paura. E all'improvviso, senza pensarci, senza valutare i rischi, si era lasciata andare, e non aveva alcun rimorso per la propria scelta.

A un tratto, Mavis scosse la testa. Decise che sarebbe stato Niall a raccontarle cos'era successo. Aveva già provato a scoprirlo per conto suo, ma la verità era che non le importava. Per adesso, visto che non conosceva ancora le motivazioni, la ragione per cui Niall fosse in quel riformatorio non la toccava.

Scosse di nuovo la testa, come per convincere sé stessa delle proprie decisioni.

Jason sembrò sollevato. «E tu? Tu lo conosci?» le domandò.

Mavis si alzò in piedi. «Sì.»

«Com'è possibile? Voglio dire... lui non parla con nessuno.»

«Con me parla.» Mavis sorrise.

E la sua voce le mancava terribilmente.

«Resisti.»

Il ricordo di Niall la fece vacillare. Forse lui era troppo complicato, forse Mavis non avrebbe mai risolto il labirinto nella sua testa... Ma sapeva che non si sarebbe arreso, quindi perché doveva farlo lei?

«Come fai?» chiese Niall passandosi le mani sul viso. Svuotò i polmoni e fissò il ragazzo che gli stava davanti.

Zayn era seduto sul letto della stanza 105, Niall sulla sedia di fronte.

«Come fai a stare lontano da lei?» chiese di nuovo alzandosi dalla sedia e accovacciandosi a terra.

«Sono arrivato a un punto in cui il suo ricordo mi basta.» Zayn scrollò le spalle. «Mi è rimasto solo quello.»

Dopo alcuni minuti di silenzio, Niall si alzò in piedi e osservò gli occhi dell'amico che fissavano inespressivi la parete bianca. «È per questo che vuoi scappare?»

Zayn annuì. «È l'unica persona che vuole ancora avere a che fare con me.» Lo guardò. «Mi è rimasta solo lei.»

Per colpa di Niall, Zayn aveva perso i contatti con la sua famiglia. Il padre non gli rivolgeva la parola da quando aveva messo piede in tribunale.

«Tu perché lo fai?»

Perché? Perché era pronto a rischiare tutto per una persona che conosceva da così poco tempo?

«Da quando Mavis è arrivata, è come se vedessi un futuro, come se oltre alla persona che ero, potessi essere qualcos'altro.» Si mise a giocare con i polsini della felpa. «E voglio essere questo 'qualcos'altro' con lei.»

«Pensi che riuscirà a sopportare il tuo passato? Pensi che reggerà alla pressione?» chiese Zayn alzandosi dal letto. «Lei è così debole, Niall.»

«Lo è quanto lo sono io, quanto lo siamo tutti» lo interruppe.

Era la verità. In quel riformatorio, provati dalla mancanza di libertà, erano tutti allo stesso livello.

E anche se non poteva sapere se quello che stava facendo fosse giusto o sbagliato, avrebbe continuato a seguire il proprio istinto e a immaginare un futuro con Mavis.

Forse non ci sarebbe riuscito. Ma sapeva che Mavis non si sarebbe arresa, quindi perché doveva farlo lui?

32

Distance

Marcus guardò fuori dalla finestra. Seduto alla scrivania, le braccia conserte, cercava di ignorare la giovane donna dietro di lui.

Strinse gli occhi e osservò le persone che camminavano tranquillamente per strada, ignare del fatto che oltre quella recinzione ci fosse un nutrito gruppo di ragazze e ragazzi che combattevano la loro guerra giornaliera contro la pazzia, condannati a crogiolarsi nelle loro menti alterate.

«Come fa a saperlo?» disse alla fine con un sospiro.

Un ticchettio di tacchi riecheggiò nella stanza silenziosa. «I giornali non parlano d'altro» ripose la donna con voce squillante. «E, comunque, sono stata mandata qui dall'avvocato del signor Jenkins.»

Marcus annuì. Provava un senso di repulsione verso quella stagista così giovane e piena di entusiasmo.

«Cosa sa, esattamente, del signor Jenkins?» domandò piatto.

«Le voci girano, come può immaginare.»

«Le voci non sono quasi mai vere» la interruppe infastidito.

La ragazza si irrigidì, imbarazzata per il cambio di tono dell'uomo. «So che è sotto processo per stalking, maltrattamenti, sequestro di persona e qualche altra merdata simile» riuscì a dire.

«La prego di moderare il linguaggio» la richiamò Marcus. Quindi le fece cenno di continuare.

«E so che dovrebbe essere in carcere...» aggiunse la donna.

L'uomo la fermò con un altro gesto. «Come ha detto che si chiama?» chiese aggrottando le sopracciglia.

«Jessica Dirtreck.»

«Bene, miss Dirtreck.» Sospirò. «L'avvocato di Niall è sicuro della tempistica?»

La ragazza annuì con un sorriso. «Tra poco più di venti giorni il signor Jenkins sarà trasferito in un carcere di massima sicurezza. Può iniziare a fare il conto alla rovescia.»

Marcus rispose con un sorriso tirato al tentativo della signorina di alleggerire l'atmosfera. «Bene, a questo punto possiamo congedarci. La ringrazio per essere venuta personalmente.»

Marcus si avvicinò, le posò una mano sulla schiena e la indirizzò verso la porta. Non la sopportava più.

«Aspetti.» Jessica si fermò.

«Cosa?»

«Vorrei chiederle un favore.»

L'uomo alzò gli occhi al cielo. «Mi dica.»

«Se possibile, vorrei visionare la documentazione relativa al signor Jenkins.»

Jessica era sempre stata una ragazza curiosa. Aveva letto del caso di Niall Jenkins anni prima, quando i suoi occhi azzurri e i suoi capelli biondi erano stati sulla prima pagina di tutti i giornali. Quel caso aveva fatto scandalo per la sua brutalità; Jessica ne era rimasta impressionata e aveva subito desiderato saperne di più. Quando poi, poco meno di un anno prima, aveva iniziato il suo tirocinio professionale presso lo studio legale che lo rappresentava, aveva finalmente potuto condurre delle ricerche di approfondimento, sebbene con scarsi risultati. Per esempio, era riuscita a rintracciare delle ragazze che erano state in contatto con lui, ma nessuna di loro aveva acconsentito a rispondere alle sue domande. Era come se sul caso Jenkins fosse calata una pietra tombale. Per l'opinione pubblica, quel ragazzo era un mostro che andava allontanato per sempre dalla società; bisognava rinchiuderlo in un carcere e buttare via la chiave. Per lei invece Niall Jenkins era, come tanti altri detenuti, un'anima smarrita che andava recuperata e aiutata.

Jessica non poté non sorridere quando il direttore le rivolse un cenno di assenso.

La guidò fuori dal suo ufficio e la accompagnò in una grande sala con una ventina di scrivanie, tutte occupate da persone che neanche la considerarono. Marcus aprì uno dei cassetti, prese un fascicolo spesso e glielo passò. «Può accedere a questi documenti solo perché il suo studio legale rappresenta Niall Jenkins. Come ben sa, sono informazioni riservate.»

Jessica annuì.

«E...» Marcus si interruppe. «Ha mai sentito parlare di Mavis Holmes?»

La ragazza arricciò le labbra prima di aprire leggermente la bocca. «Sì, in un tribunale, mi sembra. Perché?»

Marcus ridacchiò. Scosse la testa tornando nel suo ufficio e ignorando, ancora una volta, la ragazza dai ricci scuri.

* * *

«Sai che giorno è?»

Niall scosse la testa e abbassò lo sguardo sulle gambe mentre le faceva dondolare dal lettino foderato di carta su cui era seduto. Il dottore davanti a lui teneva una cartellina in mano e una biro nell'altra.

«No, sinceramente non lo so» rispose.

L'uomo inforcò degli occhiali sottili dalla montatura argentea e annotò qualcosa.

Niall si guardò intorno. Sul muro erano appesi i diplomi della laurea in medicina e della specializzazione in psichiatria.

«Stai prendendo le medicine?» chiese il medico. Aveva i capelli corti e neri, il camice aperto lasciava intravedere una maglia azzurrina.

«Sì» rispose Niall. Aveva cominciato a riprenderle solo perché sapeva che a Mavis importava di quelle pillole, e per non mettersi ancora di più in cattiva luce con le guardie.

«Benissimo» concluse l'uomo. Fece un ultimo scarabocchio prima di posare la cartellina sulla scrivania. «C'è qualcosa di cui vorresti parlarmi?»

Le gambe di Niall dondolarono più vivacemente. Lo sguardo ancora basso. Scosse la testa.

«Tuo fratello mi ha detto che stai soffrendo per la distanza di Mavis. Lo sai che non dirò niente a Marcus, c'è il segreto professionale.»

Niall in quel momento avrebbe voluto piangere; reagiva così quando qualcuno iniziava a discutere di come si sentiva o di quello che capitava intorno a lui. Era difficile da controllare. «Sì, ma non voglio parlarne» rispose frettolosamente con il cuore in gola.

«Niall, non fare così, non pensare di essere l'unico a

soffrire. Tutti qua dentro stanno sentendo la mancanza di qualcuno.» L'uomo incrociò le braccia al petto.

Niall si alzò. «Lo so, perché me lo ripetete tutti? So di non essere l'unico, e so di prenderla troppo male. Ma per me è un'esperienza nuova, non avevo mai avuto bisogno di nessuno. Nessuno» disse tutto d'un fiato.

Il medico sorrise. «Parlarne può aiutare, e se vuoi sono qui per ascoltarti.»

Niall piegò la testa da un lato e si sedette su una poltrona accanto alla scrivania. «È che forse ho paura di esporre Mavis a cose che non posso controllare... Non voglio che vada a finire come tra Zayn e Perrie, o Harry e sua sorella. Non voglio che qualcosa più spesso di una lastra di vetro ci divida.» Si posò le mani sulle ginocchia. «Vorrei solo stare con lei. È una cosa così difficile da capire?» Sospirò. «Il problema è che non so se lei vuole lo stesso. Credo di sì, ma ho bisogno di sentirmelo dire. Sarà la prima cosa che le chiederò non appena la vedrò.»

«Cosa ti manca esattamente di Mavis?» chiese curioso il medico. Si tolse gli occhiali e lo osservò.

«Mavis mi ha rimesso in contatto con me stesso e con la realtà. Da mesi ero come rinchiuso in un'illusione. Ero apatico, avevo smesso di contare i giorni. Non mi importava più di nulla.»

«Secondo te come mai avete legato così in fretta? Mavis Holmes è qui da soltanto tre mesi...»

«Non lo so... È stata la prima a interessarsi del perché io non parlassi. È stata la prima a non avere paura di me.»

«Niall» lo interruppe lo psichiatra con un sorriso malinconico. «Le persone non hanno paura di te, hanno soltanto paura di quello che eri, hanno paura di quello che hai fatto. Non di te.»

Lui annuì, non gli importava che gli altri lo temessero o meno. Gli importava solo di Mavis. «Io provo disgusto, sa?» sbottò. «Provo disgusto per tutto quello che riguarda questo posto, provo disgusto per Marcus e per quello che ha fatto a Mavis.»

Il medico abbassò lo sguardo. Le voci sul comportamento per nulla ortodosso del direttore avevano fatto il giro dell'istituto ma, come al solito, nessuno aveva osato dire niente.

Niall si alzò, salutò il dottore con un cenno del capo e uscì dal suo studio. E riprese a contare le ore che mancavano al momento in cui avrebbe toccato di nuovo la pelle bianca di Mavis.

Liam strinse la presa sulla vita di Francesca facendole inarcare i fianchi contro i suoi. Teneva una mano al lato del suo viso per non pesarle troppo.

Sentì la lingua di lei sfiorargli i denti, le mani minute salirgli fino all'attaccatura dei capelli corti. Liam aprì leggermente la bocca e gemette quando Francesca si spinse di più contro di lui.

«Liam» lo chiamò restando a occhi chiusi, senza interrompere il loro bacio.

Lui le accarezzò il ventre da sotto la maglia verde e le percorse il collo con le labbra.

«E se ci scoprono?» ansimò lei, passandogli una mano tra i capelli.

«Non importa.» Liam continuò a baciarla. «Francesca, non pensarci» ordinò.

Lei chiuse gli occhi e gli fece scivolare le mani sotto la felpa, accarezzandogli la schiena.

«Mi piaci davvero tanto» le disse. Si fermò qualche secondo come in attesa di una risposta.

«Anche tu.»

Liam sorrise, alzò leggermente la maglietta della ragazza. «È da tanto che ti guardo» ammise in un sussurro continuando a baciarle il ventre piatto.

33

I swear

Niall continuava a battere le mani lungo i fianchi, passando gli occhi da una guardia all'altra.

Una di loro rise. Era alto e magro nella sua divisa nera, ciuffi di capelli scuri gli uscivano dal cappello.

«Che cazzo hai da ridere?»

La guardia alzò un sopracciglio, la sua espressione mutò in una smorfia mista di paura e nervosismo.

Niall non aveva mai risposto a una guardia – non parlava neanche con gli inservienti –, quindi capì la sua sorpresa, e questa volta fu lui a trattenere a fatica un sorriso. Un po' gli piaceva fare quell'effetto sulle persone che lo maltrattavano per la maggior parte del tempo.

Niall e le due guardie erano fermi davanti a una porta bianca con il maniglione antipanico rosso, e aspettavano.

Lui sbuffò. «Perché non aprite questa fottuta porta?»

A quel punto non gliene fregava più niente della reputazione che aveva. Per un momento desiderò che Zayn fosse lì, almeno lui lo avrebbe capito. Avrebbe compreso la sua ansia con un piccolo sorriso e una pacca sulla spalla.

Le due guardie si fissarono tra loro. Niall alzò gli occhi al cielo, capendo che non gli avrebbero risposto.

D'un tratto si passò una mano tra i capelli, erano a posto? Si strofinò il viso, per far sembrare la pelle più rosea, si stirò con le mani la tuta arancione. Questo era il massimo che poteva fare. Voleva che Mavis lo trovasse esattamente come lo aveva lasciato.

Lei era cambiata? I suoi capelli erano diventati più lunghi? Sapeva che era impossibile in sole due settimane, ma se la immaginava così. Magari avrebbe avuto la pelle più chiara o gli zigomi più sporgenti.

Niall sospirò, quell'attesa era frustrante.

Quando sentì delle voci, puntò gli occhi sulla porta. Sapeva che faceva da divisorio tra due stanze e sperò che Mavis fosse in quella adiacente.

Udì una voce maschile: «Non ti preoccupare.» Dal tono, non sembrava una guardia.

Niall aggrottò le sopracciglia. Non appena la porta si aprì fece un passo avanti, ma le guardie lo trattennero. Provò istintivamente a divincolarsi, finché non vide Mavis. Teneva gli occhi bassi, il viso coperto dai capelli, i pugni serrati lungo i fianchi.

Guardami, pensò Niall disperato, ti prego guardami.

E Mavis, come se lo avesse sentito, alzò gli occhi limpidi e azzurri verso di lui.

Le guardie lo lasciarono finalmente entrare e uscirono dalla stanza. «Avete dieci minuti» sussurrarono loro.

Mavis lo fissava immobile, liberandosi di tutta l'angoscia che l'aveva oppressa per due settimane. Si mosse veloce verso di lui, lo abbracciò e appoggiò la testa nell'incavo del suo collo.

Lui non disse niente, la strinse a sé mettendole una mano sulla schiena e con l'altra le accarezzò i capelli. A un certo punto sentì il bisogno di vederla. Le alzò il viso e rimase con il fiato a metà gola. I suoi bellissimi occhi azzurri erano contornati da occhiaie nere, il viso era più magro e spigoloso, i capelli leggermente meno luminosi. Vedendola così, capì che le era mancato proprio come a lui era mancata lei. E quel sentimento li aveva fatti smettere di mangiare e di dormire.

«Niall» sussurrò Mavis. Lo guardava dal basso come se fosse una cosa irraggiungibile.

Lui fece un piccolo sorriso, si chinò e le accarezzò le labbra. La stanchezza si poteva mordere nel labbro di Mavis; Niall la sentiva sotto i denti, e non poteva che provare tristezza e felicità ad averla di nuovo con sé.

Senza smettere di stringerla, si accorse che in quella stanza c'era anche un ragazzo, che lo fissava quasi con ammirazione. Portava una tuta arancione, i capelli castani gli ricadevano sulla fronte.

Niall sciolse l'abbraccio con Mavis e gli si avvicinò con riluttanza. «Lei è stata con te in queste settimane?» gli chiese a voce bassa.

Il ragazzo annuì.

Gli porse la mano. «Niall» si presentò.

Lui gliela strinse. «Jason.»

«Grazie» sussurrò Niall abbracciandolo. «Grazie per essertene preso cura.»

Si allontanò, e il ragazzo con la tuta arancione scrollò le spalle. «Nessun problema.»

Niall tornò da Mavis. «Principessa» le sussurrò contro l'orecchio.

Lei alzò gli angoli della bocca in un sorriso.

Dopo qualche minuto le guardie rientrarono nella stanza. Niall e Mavis salutarono per l'ultima volta Jason, che fu scortato di nuovo nella sua ala, e furono anch'essi condotti nelle loro stanze.

Prima che li separassero, Niall guardò Mavis, e quando la vide sorridergli seppe con certezza che lei era finalmente al sicuro vicino a lui.

«Oh, Gesù mio!» urlò una voce. Seguì una risata isterica.

Mavis si ritrovò tra corpi di cui non riusciva a vedere la faccia.

«Dolcezza! Finalmente sei tornata tra noi.»

Lei ridacchiò, mentre tutti scioglievano a poco a poco l'abbraccio di gruppo.

Solo Zayn rimase ancora qualche secondo. «Ho avuto così paura, ho pensato al peggio...» le sussurrò.

Mavis ricambiò la stretta.

Gli amici la guardarono felici, e lei lo era ancora di più. La sensazione di mancare a qualcuno le era del tutto nuova.

Louis le stava ancora sorridendo, Harry teneva le braccia incrociate e la guardava compiaciuto, Liam e Francesca le rivolgevano occhiate dolci e compassionevoli. Mavis ringraziò tutti.

Trascorsero l'ora nella sala svago a chiacchierare. A un certo punto si era aggiunto anche Niall e si era seduto vicino a lei.

Mavis non poteva fare a meno di pensare che adesso lui sarebbe stato ancora più protettivo. Lo capiva da come la guardava, da come le sfiorava i fianchi. Le piaceva sapere che qualcuno volesse prendersi cura di lei.

Finita l'ora di svago, ritornarono nelle loro camere, tranne Mavis che seguì Niall nella 105.

Si sdraiarono sul letto. Niall le accarezzava i capelli e le dava piccoli baci sul viso. A volte temeva che Mavis potesse essere solo un'allucinazione dovuta ai farmaci, ma poi lei rispondeva ai baci e lui si tranquillizzava.

«Mi sei mancata» le sussurrò.

«Anche tu» rispose Mavis sorridendo.

La strinse contro di sé ancora più forte. Il peso del senso di colpa lo stava uccidendo. «Mi dispiace così tanto, Mavis» iniziò. «Non dovevo permettere che Marcus ti toccasse.»

Lei gli accarezzò il petto, e lo baciò da sopra la maglia. «Hai fatto il possibile, non darti la colpa di qualcosa che non dipendeva da te.»

Lui sospirò. «Lo ucciderò, gliela farò pagare per tutto quello che ci ha fatto.» Niall la strinse ancora di più togliendole quasi il respiro. «Lo giuro» concluse.

COLLEEN
HOOVER

Le confessioni del cuore

romanzo

34

Where

Premette le unghie smaltate contro la pila di fogli su cui era china. I capelli lunghi raccolti in una coda sfatta, gli occhi concentrati sulle parole in fila. Erano giorni che studiava quei documenti.

'L'accusa porta come prova la testimonianza della ragazza...'

Alzò la testa verso la finestrella che si affacciava sulla città già trafficata di prima mattina.

«Jessica.»

La ragazza si girò.

Appoggiato allo stipite della porta del suo ufficio, Kyle la guardava, un caffè ben saldo nella mano destra, la sinistra infilata nella tasca dei pantaloni scuri.

Gli fece un cenno di saluto.

«Sei ancora su quel caso?» le chiese avvicinandosi alla scrivania.

«Sarebbe un problema re rispondessi di sì?»

Kyle si passò una mano tra i capelli e abbozzò un sorriso. «Noi siamo solo stagisti. Lo sai che il capo non vuole che perdiamo tempo ed energie su casi che non ci riguardano.»

Jessica alzò gli occhi al cielo, poi abbassò di nuovo la testa per continuare a leggere.

Kyle aggirò la scrivania e si avvicinò alla ragazza. Le alzò il mento e la fece voltare verso di sé. «Perché questa storia ti prende così tanto?»

Jessica si alzò, ritrovandosi faccia a faccia con Kyle. «È che non capisco cosa lo abbia fatto scattare. Cos'è stato a farlo diventare così? E, soprattutto, cos'è che adesso lo trattiene? Ho letto gli ultimi referti del suo psichiatra, è come se non fosse mai impazzito, Kyle. Eppure per l'opinione pubblica continua a essere un mostro.»

Kyle appoggiò il caffè sul tavolo e le prese il viso tra le mani. «Jess, fra neanche un mese Niall Jenkins andrà in carcere. Non ti devi più preoccupare di questa faccenda.»

«E invece è proprio questo che mi preoccupa» rispose. «Vorrei capire se esiste un margine di recupero per una personalità come la sua. Se ci fosse anche una minima possibilità di reintegrarlo nella società, sarebbe nostro dovere fare di tutto per difenderla. Sbatterlo in carcere, invece, vorrebbe dire condannarlo per sempre, negargli qualsiasi chance. Per questo vorrei capire cos'è successo nella testa di Niall Jenkins tre anni fa, e cosa sta succedendo adesso.»

Kyle le sorrise. «Jess, a volte bisogna rassegnarsi a non capire.»

«Io credo che c'entri quella ragazza, Mavis Holmes.»

«Basta, Jessica» la interruppe Kyle stampandole un leggero bacio sulle labbra.

Jessica ripensò al loro primo bacio davanti al tribunale; erano tutti e due alla prima settimana di stage e lui non le staccava mai gli occhi di dosso.

«Il capo vuole archiviare il caso, e noi faremo lo stesso non appena il signor Jenkins metterà piede in carcere» concluse Kyle.

Jessica rimase in silenzio e lo guardò uscire dall'ufficio. Dentro di sé sentiva farsi sempre più forte il desiderio di conoscere Niall e Mavis.

Dall'altra parte della città, tra le mura bianche del riformatorio, un giovane detenuto accarezzava il collo di una ragazza. Nascosti nella lavanderia dell'ala Nord, Liam sperava che nessun inserviente varcasse la porta che continuava a fissare con troppa preoccupazione.

«Liam, la lavanderia apre alle undici, non ci scoprirà nessuno.»

Lui abbassò lo sguardo su Francesca, che gli sorrideva divertita. Le ravviò una ciocca del caschetto castano dietro le orecchie e si chinò per darle un bacio.

Quando provò a tirarsi su, Francesca lo condusse di nuovo verso le sue labbra. Gli diede un bacio lento e umido, e infilò la mano sotto la felpa per accarezzargli la schiena. «Pensi che questo piano funzionerà?» gli chiese.

Liam si mise più comodo sulla pila di lenzuola su cui erano stesi. «Lo spero.»

«Tutti lo speriamo. Voglio uscire da questo posto, e vivere una vita normale, con te.»

Liam sentì il cuore battergli furiosamente nel petto: non avevano mai parlato di quello. Boccheggiò, ma dopo qualche istante riuscì a parlare. «Con me?» chiese, ancora stupito.

«Tu non vuoi stare con me fuori di qui?» gli domandò Francesca con un piccolo ghigno sul viso.

«No» rispose lui sicuro, ma subito dopo si accorse di quello che aveva appena detto. «Cioè, sì. Cioè, cazzo, certo che voglio stare con te.»

Francesca rise.

Liam divenne rosso e cercò subito un altro argomento. «Ti piacerebbe tornare in Italia?» chiese.

«No, non mi interessa il mio passato» rispose pacata. Troppi ricordi le facevano male.

«E allora dove ti piacerebbe andare? Usciti da qui, ci andremo insieme.»

Francesca ci pensò su qualche secondo, accarezzò il colletto della felpa di Liam prima di tirarlo a sé e baciarlo. «Canada» sussurrò.

«Inghilterra» disse Mavis iniziando a camminare per la stanza. «Mi piacerebbe vedere dove sei cresciuto.»

Niall ridacchiò e abbracciò Mavis da dietro, stringendola contro il proprio petto. Erano giorni che trascorrevano i pomeriggi insieme nella stanza 105.

«Ho vissuto in Inghilterra, ma sono nato in Irlanda. Ci ho passato tutta l'infanzia. Sono lì le mie origini.»

La ragazza si voltò. «Allora andremo a vivere anche lì. Possiamo andare a vivere dove vogliamo, no?»

«Prima dovremmo trovarci un lavoro.»

Mavis alzò gli occhi al cielo.

Le piaceva fantasticare su cosa avrebbero fatto fuori da lì, ma era perfettamente consapevole che non sarebbe stato per niente facile né fuggire né ricominciare una nuova vita insieme. Sapeva anche che più immaginava cose belle più alla fine sarebbe rimasta delusa, se il piano non avesse funzionato.

Appoggiò il viso contro il collo di Niall, chiuse gli occhi e si concentrò sul suo profumo. «Mi sei mancato così tanto» sussurrò.

Lui la strinse più forte e le baciò i capelli.

Dopo qualche minuto bussarono alla porta. Niall aggrottò la fronte nel vedere Greg affannato e con gli occhi spalancati entrare nella sua stanza.

35

Following

Lo sguardo di Zayn vagava per il corridoio. La mascella contratta, i pugni chiusi senza un motivo preciso, sentiva dentro di sé un senso di disagio e rabbia nel vedere Perrie poco distante da lui, intenta a sistemare i propri libri nell'armadietto.

Gli dava fastidio il fatto che lei non avesse difetti, che non fosse una stronza senza cuore o dal carattere scorbutico. Non gli andava giù che non potesse incolparla di qualcosa, per esempio ritenerla responsabile del fatto che lui non avesse il coraggio di parlarle.

«Che stronza» sussurrò tra sé.

«È inutile che ti arrabbi con lei» si intromise Peter. «E poi lo sappiamo tutte e due che non è una stronza.»

Zayn guardò il ragazzo accanto a lui per qualche istante, poi riportò l'attenzione su Perrie. Alcuni studenti gli passarono davanti e Zayn fece di tutto per non perderla d'occhio. «Lo so» rispose. Se Perrie fosse stata una stronza tutto sarebbe stato più facile, ma purtroppo lui aveva messo gli occhi sulla persona più buona dell'intera scuola. Era frustrante.

«Sai che fissare una persona non vuol dire socializzare, vero?» lo canzonò Peter.

«E tu lo sai dove metterti le tue ovvietà del cazzo, vero?» rispose a tono.

Zayn non era mai stato un ragazzo sentimentale, eppure Perrie gli accendeva dei desideri nuovi, non fisici o passionali, ma emotivi.

«Era per dire» borbottò Peter. Si appoggiò all'armadietto accanto a quello di Zayn e si sistemò il ciuffo castano che gli era ricaduto sul viso.

Calò uno strano silenzio. Zayn non spostava lo sguardo da Perrie, indaffarata a cercare qualcosa nel suo armadietto.

Peter imprecò a bassa voce. «Per quanto ancora dobbiamo fissarla? Sai, fra un po' c'è lezione, e io non...»

«Ascolta» lo interruppe Zayn stringendo gli occhi. «Se non hai voglia di stare qui, puoi anche andarti a fare un giro, così non mi rompi più i coglioni.»

Peter sorrise. «Okay, ci vediamo in classe.»

Zayn alzò gli occhi al cielo. Non si capacitava del fatto che non riuscisse mai a farlo arrabbiare. Forse perché erano troppo amici, o forse perché Peter teneva a lui abbastanza da passare sopra tutti i suoi comportamenti.

Scrollò le spalle e si portò una mano sulla cravatta della divisa per allentarla. In quel momento Perrie chiuse l'armadietto.

Quel rumore metallico fece scattare i suoi sensi. Zayn non perse tempo e seguì la ragazza lungo il corridoio, mantenendo le distanze. Ogni tanto si scontrava con qualche studente, ma non ci faceva caso. In altre circostanze, avrebbe sicuramente piantato delle grane che sarebbero finite con qualche livido sullo zigomo, ma adesso tutta la sua attenzione era concentrata su Perrie, sulla sua coda bionda che a ogni passo le batteva contro le spalle fasciate dal maglione della divisa che, addosso a lei, Zayn trovava addirittura accettabile.

La seguì oltre il corridoio, corrugando la fronte quando la vide scendere le scale. Al primo piano dell'istituto non c'era nessuna aula. Con passi incerti le camminò a qualche metro di distanza, e iniziò a innervosirsi quando lei entrò negli spogliatoi delle ragazze. Cosa doveva fare lì dentro?

Zayn aspettò qualche secondo, poi si avvicinò alla porta e lentamente la aprì. Le luci erano spente, ma poteva vedere abbastanza bene le panche di metallo accostate ai muri. Si richiuse la porta alle spalle, per poi girarsi di scatto quando i neon pallidi degli spogliatoi si accesero. Dall'altra parte della stanza Perrie aveva le braccia incrociate al petto e un cipiglio sul viso. Lo guardò, poi chiese: «Perché mi stai seguendo?»

«Lo facevi sempre» disse lei abbassando lo sguardo. «Mi ricordo che mi seguivi nei corridoi.»

Gli occhi di Zayn percorsero i lineamenti del suo viso e scesero fino al collo. Dal loro ultimo colloquio, Perrie aveva i capelli più lunghi e sembrava ancora più bella.

«Mi piaceva sapere cosa facevi» rispose sincero. Con lei lo era sempre stato.

«Lo avevo notato.» Perrie ridacchiò.

«Vorrei sentirla tutto il giorno, la tua risata» disse lui malinconico.

Perrie finalmente alzò gli occhi per incontrare quelli scuri di Zayn. Avrebbe voluto dirgli così tante cose, ma si limitò a portarsi una ciocca di capelli dietro l'orecchio. «Come mai ti hanno concesso un colloquio in più?» gli chiese cambiando discorso.

«Non ho fatto arrabbiare nessuno, e ho giurato che avrei pulito il secondo piano per due settimane di fila.»

«Non ce n'era bisogno» commentò Perrie imbarazzata.

«Volevo vederti» la fermò Zayn.

«Anche tu mi manchi» rispose lei.

Il ragazzo abbassò lo sguardo. Tutti i pensieri che aveva trattenuto stavano per scoppiare. «È solo che vederti qui... Sembri così raggiungibile. Sei qui, ma non ti posso toccare, non posso baciarti o accarezzarti.» Era calmo mentre lo diceva.

Rimasero zitti per qualche istante. Perrie si spostò sulla sedia. «Zayn» lo chiamò.

Lui alzò lo sguardo. Era stanco, e quella situazione lo sfiniva ancora di più.

«Avvicinati» sussurrò Perrie. «Avvicinati al vetro.»

Lui si avvicinò insicuro, e aspettò che lei dicesse qualcosa.

«Poggia le labbra qui.» Gli indicò un punto della lastra trasparente.

Zayn aggrottò la fronte e posò le labbra dove lei gli aveva detto. Un piccolo cerchio opaco si disegnò sul vetro.

Perrie sorrise e appoggiò la bocca in corrispondenza della sua.

Lui chiuse gli occhi e trattenne le lacrime. Sentì una stretta al cuore quando percepì il calore che gli giungeva attraverso il vetro. In qualche modo riusciva a sentirla, era la prova che Perrie fosse davvero lì.

Lei si staccò di qualche centimetro e bisbigliò: «Ci siamo quasi, amore mio. Tieni duro ancora un po'.»

Zayn si chiuse la porta alle spalle. Entrò nella mensa a testa bassa e andò a sedersi al solito tavolo. Sentì le voci di Liam e Harry, e si rilassò. Era strano come trovasse confortante la loro presenza. Gli ricordavano la casa di cui non aveva mai conosciuto la via.

Nei primi mesi che aveva trascorso nel riformatorio, si era chiuso in sé stesso evitando qualsiasi contatto con gli altri ragazzi. Col tempo, però, socializzare era diventato inevitabile; sebbene gli costasse ammetterlo, Zayn si era reso conto che aveva bisogno di contatti umani per non crollare psicologicamente, mentre il corpo diventava sempre più magro e la pelle più pallida.

Notò che al tavolo con loro c'era anche Francesca. La ragazza teneva lo sguardo fisso su Liam; non ci voleva tanto a capire che tra i due era nato qualcosa.

Ripensò a Perrie. Come sempre, il colloquio aveva reso incontenibile il desiderio di lei, lasciandolo scosso. Allontanò il vassoio col cibo, gli era passata la fame. In realtà negli ultimi tempi raramente ne aveva.

Seduto con i gomiti sul tavolo e la schiena incurvata, chi lo osservava da lontano poteva vedere la sua spina dorsale spuntare da sotto la maglia creando delle ombre psichedeliche.

Osservò Liam e Harry parlare, ma non seguì i loro discorsi. Poi si guardò intorno. «Dov'è Louis?» chiese aggrottando la fronte.

«A terapia» rispose Harry prendendo un pezzo di carne con la forchetta.

Annuì, ma aveva la sensazione che ci fosse qualcosa di strano. Osservò Francesca; anche lei si stava guardando intorno con un cipiglio preoccupato.

Zayn si alzò di scatto. «Vado a cercare Mavis» disse ai ragazzi.

A quelle parole, Francesca sembrò rilassarsi.

«Fra qualche minuto arriverà. Piuttosto, faresti bene a mangiare qualcosa» si intromise Liam.

Zayn scosse la testa. «105 non c'è, e lui non permetterebbe mai a Mavis di saltare un pasto o di non dormire. Quella ragazza si tiene in piedi quasi per miracolo» spiegò. «Sta succedendo qualcosa.»

Una guardia provò a fermarlo, ma Zayn scrollò le spalle e uscì dalla mensa. Entrò nell'ala Nord e bussò alla stanza di Mavis.

Aspettò. Solo silenzio. Si sentì mancare l'aria.

Zayn non sapeva come mai si fosse affezionato così tanto a Mavis. Forse perché la sua ingenuità gli ricordava Perrie, o forse perché lui era stato il primo ad accoglierla nell'ala Nord ed era come se si fosse fatto carico di lei. Aveva la tendenza a proteggere le persone. Anche con le sue sorelle era sempre stato così.

A quel ricordo rabbrividì. Adesso loro non gli rivolgevano più la parola, ma come biasimarle dopo tutto il dolore che aveva causato? Era normale che non volessero più avere a che fare con lui.

Gli tornò in mente lo sguardo terrorizzato della sorella più piccola fuori dal tribunale. Nei suoi occhi non aveva letto delusione o repulsione, ma pura e semplice paura. Quell'immagine non l'avrebbe mai dimenticata.

E forse teneva così tanto a Perrie e a Mavis perché erano le uniche persone che, nonostante sapessero perché lui fosse lì, gli dimostravano affetto e lo consideravano ancora un essere umano.

Bussò di nuovo alla porta della stanza 114 senza ottenere risposta. E, in preda al panico, si chiese cosa potesse essere successo.

36

Breath and rooms

Nel silenzio assordante del corridoio, Zayn cercò di respirare piano per percepire ogni minimo rumore che provenisse dalla stanza 114.

Sospirò frustrato, Mavis non era lì.

Avanzò di qualche passo, per poi fermarsi all'improvviso quando gli parve di sentire un respiro veloce e ovattato.

I suoi occhi saettarono da una porta all'altra del corridoio, su quei numeri neri che si stagliavano fin troppo bene in tutto quel bianco.

Mentre pensava di avvicinarsi alla cella 105, percepì un piccolo sussulto. Il flebile respiro che aveva sentito poco prima si era trasformato in un pianto soffocato.

Zayn guardò la stanza da cui proveniva il suono e si sentì morire: era la 112, la sua.

Aprì la porta con cautela; aveva paura di quello che avrebbe trovato.

Mavis era raggomitolata sul letto. Sembrava una bambina, una di quelle con le treccine bionde che piangono perché non hanno più la loro bambola, o perché vorrebbero più attenzioni ma non le sanno richiedere.

Zayn si chiuse la porta alle spalle. Sapeva che lei lo aveva notato, quindi non fece nulla per richiamare la sua attenzione. Stette in silenzio, aspettando solo che lei scoppiasse.

«Io voglio sapere» singhiozzò a un tratto alzando il viso «se ho fatto qualcosa per meritarmi tutto questo.»

Zayn si appoggiò al muro di fronte al letto e le guardò gli occhi, gonfi e rossi per le lacrime.

«Ce lo chiediamo tutti» sussurrò lui. Era vero. La risata sarcastica di Mavis lo fece sussultare. Aggrottò la fronte e la fissò.

«Oh, andiamo!» lo schernì. «Tu e Niall siete due maniaci, voi vi meritate tutto questo. Io no. Io non ho fatto un cazzo per meritare di stare qui, di legarmi in questo modo a quel bastardo ed essere trascinata con lui all'inferno!» urlò fuori di sé.

Zayn abbassò la testa, cercando di non guardare quella che era sicuro non fosse Mavis. La ragazza che conosceva non avrebbe mai detto cose del genere, non gli avrebbe mai rinfacciato il suo passato.

Anche lui sentì la rabbia montargli dentro e, per la prima volta da quando conosceva Mavis, non si trattenne e si avventò contro di lei. «Ti credi superiore, vero? Come tutte le persone che lavorano qua dentro e che ci guardano dall'alto in basso. Pensi di essere migliore di noi, solo perché non hai mai perso il controllo o non hai mai sentito una voragine lacerarti il petto» gli urlò di rimando. «Sinceramente non so cosa cazzo ci trovi in te Niall. Ma a te ci tiene, e anche tanto, e sentirti piagnucolare perché le cose non vanno come vorresti mi fa veramente incazzare. Perché sei qui? Sei venuta per insultarmi?»

Mavis lo fissò a bocca aperta, sconvolta.

Zayn si accorse che la sua rabbia si era tramutata in disperazione, ma era stufo di controllare e reprimere la propria frustrazione. La guardò, i suoi occhi rossi erano circondati da occhiaie che prima non aveva notato. E si rese conto che tutti si stavano distruggendo lentamente. Harry, Louis, Liam, Francesca... Tutti lentamente si stavano lasciando andare. Anche lui: non mangiava più, dormiva poche ore a notte, solo quando Perrie gli faceva visita nei sogni.

Nessuno di loro viveva, si limitavano a tirare avanti, in un perenne stato di ansia, in attesa di fuggire da quell'inferno. E di certo non poteva biasimare Mavis per avere dato di matto contro di lui.

Lei e Niall erano condannati a portare sulle spalle il peso maggiore, lo capiva, e sapeva anche che sarebbero stati i primi a crollare.

E adesso che le aveva urlato contro si sentiva terribilmente in colpa. Niall gli aveva raccontato di come Marcus l'avesse picchiata davanti ai suoi occhi, e Zayn poteva solo immaginare il senso di impotenza che aveva provato l'amico di fronte a quella violenza gratuita. Era vero, Mavis non meritava quell'inferno.

Quando lei incominciò a piangere, Zayn chiuse gli occhi e la avvolse con le sue braccia.

Mavis si strinse a lui, gli posò la testa sul petto e pianse tutte le sue lacrime. «Vogliono sbatterlo in galera, Zayn» singhiozzò. «Vogliono portarmelo via.»

«Che cazzo sta succedendo?» chiese Harry chiudendosi la porta del ripostiglio alle spalle.

Liam stava disponendo in cerchio delle sedie, mentre Louis parlava animatamente con Zayn.

Harry si mise in un angolo a guardarli, visto che nessuno si era accorto del suo arrivo.

Dopo pochi minuti entrò Francesca e anche lei si aggiunse alla discussione tra Louis, Liam e Zayn.

Harry riusciva a cogliere solo brevi frasi e frammenti di conversazione, finché 105 non entrò nel ripostiglio e tutti smisero di parlare. Era come se all'improvviso tutti pendessero dalle sue labbra.

Harry era sorpreso; prima di allora non l'aveva mai visto così arrabbiato e allo stesso tempo così presente, e soprattutto non aveva mai sentito uscire dalla sua bocca una frase più articolata di un monosillabo. Provò stupore e paura quando udì 105 dire: «Sta per cambiare tutto.»

37

Are you mine?

«Venti giorni» rispose Niall.

Harry spalancò gli occhi, si guardò intorno e notò che anche i suoi compagni avevano assunto la stessa espressione meravigliata. Venti giorni erano davvero pochi per riorganizzare un piano di fuga, e lo sapevano tutti.

«Non ce la faremo mai in così poco tempo» obiettò Liam.

«In pratica abbiamo già tutto pronto» replicò Zayn. «Perrie è ancora d'accordo con noi. Usciremo dalle finestre della lavanderia, come avevamo progettato per il primo piano di fuga. Ormai passare per le cucine è fuori discussione. Quando Marcus ha saputo che volevamo scappare da lì, ha raddoppiato la sorveglianza di tutta l'area mensa.»

Harry annuì.

Liam fece lo stesso, ma con aria più titubante. Si girò verso Francesca, incrociò il suo sguardo e le sorrise per incoraggiarla. Dopo le strinse la mano e le sussurrò qualcosa nell'orecchio che la fece arrossire.

Mentre Louis discuteva con Zayn e Niall, Harry osservava i due ragazzi davanti a lui. Francesca si era messa una ciocca di capelli dietro le orecchie e Liam glieli spettinò con un sorrisino sulle labbra.

Harry cercò di ricordare l'ultima volta che era uscito con una ragazza... Era passata un'eternità.

«Per quel giorno saremo pronti» commentò Niall. Aveva gli occhi gonfi, si capiva che il giorno prima non aveva dormito.

«E Mavis? Perché non è venuta alla riunione?» domandò Louis.

«Diciamo che non ha preso molto bene la questione del trasferimento di Niall» sussurrò Zayn.

Ovviamente aveva raccontato all'amico che Mavis era andata nella sua stanza e che avevano parlato di lui. Da quel giorno Niall aveva provato più volte a incontrarla, ma Mavis continuava a evitarlo. Se ne stava tutto il giorno chiusa nella sua cella e non rispondeva a nessuno. Lui ci stava malissimo. Aveva bisogno di lei, soprattutto dopo la notizia del trasferimento.

«Ma è ancora d'accordo sul piano? Cioè, vuole ancora scappare con noi?» Louis si raddrizzò sulla sedia.

Niall fissò Zayn. Tutti e due erano confusi e per niente sicuri di conoscere la risposta.

Il niente. Mavis non faceva che pensare al niente, perché era il niente che si sentiva dentro in quei giorni.

Quella sensazione di vuoto la stava facendo impazzire.

Si alzò dal letto e imprecò quando si accorse di aver trascinato a terra il lenzuolo chiaro. Si chinò a raccoglierlo e si avvicinò alla scrivania.

Era vuota, i tre cassetti non erano mai stati aperti.

Si guardò intorno. Da quando era entrata in quella stanza, non aveva fatto niente per personalizzarla, ed era insolito per lei.

Le era sempre piaciuto lasciare un segno del proprio passaggio in ogni posto in cui era stata. Le piaceva pensare che qualcun altro avrebbe riconosciuto quell'indizio e in qualche modo l'avrebbe ricordata.

In quel riformatorio, invece, era sicura di non voler lasciare alcuna traccia di sé. Nessuno doveva sapere che lei era stata in un posto del genere.

Mavis era consapevole che l'esperienza che stava vivendo in quell'istituto l'avrebbe accompagnata fino alla fine dei suoi giorni. E negli ultimi tempi si era chiesta spesso che voci girassero sul suo conto tra i ragazzi della sua età, nel mondo reale. Poi pensò a Niall. Se era lì per un reato grave, perché lei non si ricordava di aver letto il suo nome o aver visto la sua fotografia sui giornali? Forse era sempre stata troppo distratta.

Alzò la testa quando la porta della sua stanza si aprì. In silenzio guardò Niall entrare, chiudere l'anta e avvicinarsi di qualche passo. Pensò con angoscia che a breve lui non sarebbe stato più lì a tormentarla o a trascinarla in mensa.

«Mavis» sussurrò. Teneva le braccia tese lungo i fianchi, la testa abbassata.

Lei scosse il capo.

«No» disse Niall di scatto.

Mavis inarcò le sopracciglia e lo osservò farsi più vicino.

«Non fare così, ti prego.» La prese per le spalle e la fece indietreggiare fino alla parete.

Mavis cercò di liberarsi, ma la stretta di Niall si fece più forte.

«Non mi respingere, per favore» la pregò facendo aderire i loro corpi.

«Non ce la faccio!» urlò lei.

Niall si allontanò. Si portò le mani tra i capelli. «Non... non capisco.»

Mavis restò attaccata al muro, il respiro affannoso. «Non voglio dirti addio, non voglio che tu marcisca in un carcere e non voglio che ti dimentichi di me» disse d'un fiato.

Era così stanca, e osservando Niall sospirare e chiudere gli occhi poteva dire lo stesso di lui.

Quella situazione era così frustrante, troppo dolorosa da sopportare.

Niall la guardò come si guarda un foglio bianco, chiedendosi da dove incominciare a disegnare.

«Come puoi pensare una cosa del genere?» riuscì a ribattere. «Mi fa male sentirti dire queste cose, mi fai pensare che ho sbagliato tutto.» Si portò una mano al petto e abbassò ancora lo sguardo. «È così?»

Mavis scosse la testa, voleva piangere. Si avvicinò a lui e posò le mani sulle sue guance. «Tu non hai sbagliato niente.»

Gli occhi color ghiaccio di Niall le diedero dei brividi in tutto il corpo.

«Io so come uscire di qui» disse lui. «Ma devo sapere se tu starai con me fino alla fine.» Parlò in modo lento e deciso, voleva che Mavis capisse quanto sperava che fosse sua. «Starai con me fuori di qui? Mavis, ho bisogno di saperlo. Ho bisogno che tu sia mia, fino alla fine.» Strofinò il naso contro il suo. «Ho davvero bisogno di te.»

«Sono già tua» bisbigliò Mavis.

38

Big deal

«Ci credi davvero?»

Con la fronte contro quella di Mavis, Niall teneva gli occhi chiusi per non vedere quelle pozze azzurre che, lo sapeva, lo avrebbero distratto dal capire se lei ci sarebbe stata o no.

Prima di allora non aveva mai avuto a che fare con persone che non comunicassero i propri sentimenti. Al contrario, si era sempre circondato di gente che li urlava ad alta voce, anche senza poter dimostrare di provarli davvero. E adesso era frustrante sentire Mavis così vicina e non capire cosa stesse provando.

Per quanto lo riguardava, sapeva fin troppo bene che i sentimenti che nutriva per lei non avevano nulla a che vedere con quelli che aveva provato per le ragazze che aveva baciato o toccato in precedenza.

Per loro aveva sentito un desiderio incolmabile, accompagnato sempre da una rabbia altrettanto violenta, perché nessuna donna era mai in grado di soddisfarlo a pieno.

Con Mavis, invece, era differente. Era tutto così calmo. Quando erano insieme gli sembrava che il tempo si fermasse e quel riformatorio scomparisse.

Lei diceva di essere sua ma, dal modo in cui lo accarezzava, Niall poteva percepire la sua titubanza. Lui non dubitava dei suoi sentimenti, ma della sua voglia di riconoscerli e assecondarli.

Mavis non rispose.

Niall la teneva per i fianchi e la faceva dondolare come se stessero ballando. «Perché se tu non provi quello che provo io,» continuò «mi si spezzerebbe il cuore.»

«Questa è l'ultima cosa che voglio, credimi» disse Mavis posandogli le mani sul volto. «Guardami» lo implorò.

Niall lo fece, troppo debole per opporsi. Le sue mani bruciavano sulle guance come tizzoni ardenti.

«Lo sai, vero, che in tutto questo tempo non ho fatto che pensarti? Non sai quante volte ho sognato a occhi aperti questo momento» aggiunse lei.

«Io so che provi qualcosa per me, Mavis. Ma ho bisogno di sentirtelo dire, di sapere che sei sicura di voler stare con me. È importante.»

Lei premette le labbra contro quelle di Niall. Si sentiva oppressa, non riusciva a esternare quello che provava. Sapeva che lui non meritava il suo silenzio, ma non trovava le parole, non riusciva a spiegare i propri sentimenti. Se mai avesse creduto all'amore, quello che sentiva per Niall era la cosa più vicina a esso che avesse mai provato, ma non era in grado di dirlo.

«Ho bisogno che tu rimanga con me» sussurrò Niall.

«Sono qui,» rispose lei «e verrò via con te. Ne abbiamo già parlato, faremo questa cosa insieme.»

Niall strinse le labbra prima di continuare il bacio. Il gusto che gli lasciava Mavis sulla punta della lingua era qualcosa da cui aveva iniziato a dipendere. Non ne avrebbe mai avuto abbastanza.

«Fino alla fine» mormorò lui
«Fino alla fine.»

«Cosa devo fare?» chiese Mavis.

Niall aveva preso una sedia e si era sistemato accanto a lei. Davanti a loro gli altri componenti del gruppo li fissavano curiosi.

«In realtà è molto semplice» spiegò Zayn dandole le spalle. Si era raccolto i capelli scuri in un codino che faceva risaltare ancora di più il suo viso magro.

Mavis muoveva la gamba nervosamente. Niall le posò una mano sul ginocchio. «Stai tranquilla» le sussurrò all'orecchio.

Zayn si girò, teneva in mano una ciotolina. «Ascoltami bene. Il giorno in cui decideremo di scappare, tu dovrai mandare giù queste. Ognuno di noi ne ha messe un po' da parte.»

Le porse il contenitore con dentro una decina di pillole.

Mavis aggrottò la fronte, confusa. La stavano tutti osservando in silenzio. «Spiegatemi il piano» disse con tono deciso. Di qualunque cosa si fosse trattata, l'avrebbe accettata.

«La mattina del giorno X, dopo che avrai ingerito le pillole, sarai trasportata all'ospedale dove ti tratterranno per almeno ventiquattro ore. Quella notte noi usciremo di qui, utilizzando le scale antincendio e poi il cancello sul retro. La scorsa settimana ho pulito gli uffici tre volte, e sono riuscito a recuperare i codici di sblocco. Una volta fuori, troveremo la macchina di Perrie ad attenderci. Verremo a prenderti in ospedale, e tutti insieme andremo via da questo schifo di città» spiegò Louis, con le braccia incrociate al petto e la schiena appoggiata a una finestra della sala svago.

«Francesca verrà con me?» chiese Mavis, convinta che questa parte del piano includesse anche lei.

Quando la ragazza scosse la testa, Liam le circondò le spalle con un braccio.

Mavis diventò ancora più confusa.

Niall si alzò. «Potete lasciarci qualche secondo, per favore?»

Tutti uscirono dalla stanza, tranne Zayn che continuava a sorridere con aria triste.

«Liam si prenderà cura di Francesca durante la fuga, è in buone mani» spiegò Niall.

«Ma allora perché io non posso stare con voi? Non sarò d'intralcio, lo giuro» disse lei velocemente.

«Io...» Niall guardò Zayn «io non voglio che tu corra alcun tipo di rischio. Già dall'inizio ho messo in chiaro il fatto che tu dovevi essere al sicuro.»

Mavis lo guardò torturarsi le mani.

«E voi non avete niente in contrario? Non avete fatto nulla per fargli cambiare idea?» chiese rivolta a Zayn.

«Tutti noi abbiamo deciso che, se le cose qui dovessero andare male, tu devi avere la possibilità di continuare la tua vita fuori dal riformatorio» sussurrò Niall.

Zayn osservò il loro scambio di sguardi. Fece un cenno col capo a Niall e uscì dalla stanza.

«Non posso farlo» disse Mavis non appena Zayn chiuse la porta.

Niall le si avvicinò e la prese tra le braccia. «Promettimelo, Mavis» mormorò contro i suoi capelli. «Promettimi che scapperai da quell'ospedale anche senza di noi.»

39

Astonished

«In cosa consisterà questo test?» chiese Joshua ad alta voce osservando Margaret che girava tra i ragazzi seduti in cerchio.

Miss Kannet aveva sostituito le décolleté con un paio di stivaletti altrettanto rumorosi. Indossava una gonna a vita alta e una camicetta bianca. Mavis la guardò mordicchiarsi il labbro inferiore dipinto di rosso. Avrebbe voluto anche lei truccarsi ogni tanto, quando andava a scuola lo faceva spesso. Le piaceva vedere le sue ciglia più scure e più lunghe grazie al mascara.

«È solo per osservarvi. Non dovete aver paura, non sarete sotto esame» rispose Margaret.

Mavis aggrottò la fronte e guardò Francesca. Un altro test? Un'altra opportunità per deriderli?

«Incontrerete dei medici che vi faranno alcune domande, niente di complicato.»

Mavis seguì controvoglia il resto della terapia di gruppo, a braccia conserte e con la mente altrove. Era una persona riservata, e l'idea di essere osservata e analizzata da degli estranei la infastidiva molto.

«Credi che il test riguarderà solo il nostro gruppo?» le chiese Francesca mentre uscivano dalla sala delle terapie.

«Penso di no» rispose Mavis.

Lungo il corridoio, Mavis vide una giovane donna che avanzava nella loro direzione. Indossava degli abiti raffinati, aveva i capelli lunghi, mossi e scuri, e stringeva tra le mani alcuni fascicoli.

Quando si incrociarono, guardò Mavis con aria curiosa.

Lei ricambiò lo sguardo, confusa. Era come se quella donna già la conoscesse.

Harry camminava con passo lento e cadenzato verso la sala colloqui. Guardò i propri piedi avanzare sul pavimento bianco, incolore come tutto il resto in quel dannato riformatorio e come la sua stessa vita.

Era sempre stato un ragazzo calmo, e non aveva mai provato grande entusiasmo per le cose, ma una volta uscito di lì, si disse, sarebbe stato tutto diverso, avrebbe dato un senso alla propria vita. Gli anni stavano passando anche per lui, e sentiva di non aver ancora costruito niente di importante.

Quando una guardia gli aprì la porta della sala colloqui, un paio d'occhi della sua stessa gradazione di verde lo fissarono dall'altra parte del vetro.

Harry trattenne il fiato. Afferrò lo schienale della sedia, lo tirò verso di sé e si mise a sedere. Guardò la ragazza dietro la lastra trasparente. Non sembrava arrabbiata. L'ultima volta che avevano parlato, non era finita bene: lei gli aveva tirato dietro qualsiasi soprammobile della casa dei loro genitori.

«Ciao, Harry» disse lei. Un velo di amarezza le copriva le iridi verdastre.

«Ciao, Gemma.»

Era stato colto di sorpresa dalla notizia che sua sorella volesse vederlo. In tutti quei mesi trascorsi in riformatorio, lei non era mai andata a trovarlo, né gli aveva inviato messaggi attraverso la madre, ma Harry non se l'era mai presa veramente.

«Come stai?» chiese lei, posando le mani sul bancone di alluminio freddo.

«Perché sei qui?» domandò di rimando Harry. Sapeva che non le importava davvero di sapere come se la passava.

Gemma inarcò le sopracciglia. «Il solito cinico bastardo.»

Il ragazzo le fece un cenno con la testa per farla parlare.

«Sei davvero insopportabile quando fai così. E comunque anche io sto bene, il lavoro va alla grande e Gordon e io ci stiamo per sposare» sbottò.

Harry incrociò le braccia al petto e spostò il busto in avanti. «Vi state per sposare?» chiese con voce piatta.

Gemma lo fissò per qualche istante. «Sì, e siamo felici, sono felice.»

Harry annuì.

«Sono venuta qui per dirtelo. E per dirti che sei invitato al matrimonio. Quando uscirai di qui, vorrei che mi accompagnassi tu all'altare.» Due lacrime le rigarono il viso.

Tra loro non c'era mai stata grande complicità, e Harry non si sarebbe mai aspettato quella richiesta. La guardò stupito e addolorato; nonostante tutto era sua sorella, non gli piaceva vederla piangere. «Gemma...» sussurrò.

«Se hai intenzione di ferirmi con una delle tue stronzate, allora non parlare, ti prego.» Si portò le mani davanti agli occhi e poi si alzò. «Pensaci con calma. Adesso devo andare.»

Quando lei fece per uscire dalla porta, Harry la chiamò. «Gemma, verrò.» Non era sicuro che avrebbe potuto partecipare a quel matrimonio, ma voleva che lei sapesse che apprezzava il suo gesto.

Gemma si sistemò una ciocca di capelli dietro l'orecchio. «Lo faresti davvero?» domandò. Sembrava sorpresa e felice.

Harry annuì.

Si fissarono per alcuni minuti in silenzio, poi si scambiarono un timido sorriso ed entrambi uscirono dalla sala colloqui.

40

Test

Lui ci sarebbe mai riuscito? Avrebbe mai potuto provare per qualcuno un sentimento così forte e ingestibile? Sarebbe mai stato capace di legare la propria esistenza a quella di un altro essere umano?

Harry si tormentava con domande sconnesse mentre il rumore dei suoi passi lo accompagnava lungo il corridoio.

La notizia che gli aveva dato Gemma lo aveva turbato. Lei era andata avanti, era riuscita a riporre la propria fiducia in un'altra persona. No, Harry no, non ci sarebbe mai riuscito, ma non provava tristezza a riguardo.

Era sempre stato uno di quei ragazzi che se ne stanno a braccia conserte anche nelle situazioni peggiori, indifferente e menefreghista fino al midollo. Non ci poteva fare nulla, era semplicemente fatto così.

Si portò le dita sulla bocca, continuando a camminare. Le sue labbra non erano mai appartenute a nessuno. E Harry non aveva mai cercato qualcuno a cui appartenere. Era sempre bastato a sé stesso, negli altri aveva sempre e solo cercato la soddisfazione dei propri istinti.

Continuò a passarsi l'indice contro il labbro inferiore leggermente spaccato. Poi si guardò le dita lunghe e magre. Erano vuote, sentiva la mancanza dei suoi anelli. Rise a quel pensiero: riusciva a sentire la mancanza di un oggetto ma non quella di una persona.

Pensò a Niall. Lui era il suo esatto opposto, o almeno lo era diventato. Con Mavis, per esempio, non si faceva alcun problema a mostrare i sentimenti che provava.

Si fermò davanti alla porta della stanza in cui era stato convocato per sottoporsi ad alcuni test. Spinse il maniglione antipanico e si ritrovò in un'ampia sala rettangolare con una lunga parete a specchio.

In un angolo della stanza, Louis stava discutendo animatamente con Liam e Francesca. Poco più in là, Zayn, Mavis e Niall parlottavano a bassa voce.

Oltre ai suoi amici erano presenti anche altri ragazzi che Harry conosceva solo di vista.

«Cosa succede?» chiese avvicinandosi a Louis.

«Delle persone ci stanno osservando da dietro quel fottuto specchio» rispose lui alterato, indicando la parete sul fondo.

Harry alzò un sopracciglio, non capendo.

«Quello è uno specchio unidirezionale: da dietro possono vederci, ma noi non vediamo loro» spiegò Zayn con la sua solita calma.

«Che ringrazino Dio per quel vetro» sbottò Louis. «Giuro che se me li ritrovo davanti...»

«Stai calmo» lo bloccò Francesca.

«Mi dà fastidio essere guardato» sputò contro di lei.

«Okay, cerchiamo di non dare di matto» si intromise Niall spostandosi al centro del gruppo.

Harry ancora non si era abituato a sentirlo parlare,

ma ascoltò comunque la sua voce roca. Ormai Niall aveva assunto il ruolo del leader e nessuno si sarebbe messo contro di lui.

«Dobbiamo solo stare qui per qualche ora e comportarci da persone normali.» Guardò in faccia ognuno di loro, come per accertarsi che non perdessero la testa.

«Possiamo iniziare.»

Jessica si fece largo nella piccola stanza illuminata da una luce fioca e affollata da medici e avvocati, e si mise a sedere in prima fila. Spalancò leggermente la bocca quando notò la lunga parete di vetro che si apriva su una sala rettangolare piena di ragazzi.

«Tengo a precisare che i soggetti non possono vederci né sentirci» disse Marcus, tenendo le mani intrecciate sullo stomaco. Indossava un vestito elegante. Accanto a lui un uomo in camice reggeva una cartellina verde sotto il braccio destro.

«Lui è il dottor Chinne, lo psicologo responsabile del test che stiamo per eseguire» continuò Marcus.

Chinne fece un cenno ai presenti e si sistemò gli occhiali sottili sul ponte del naso.

«Il dottore ci fornirà qualche dato in più sui soggetti nella stanza» concluse.

Jessica spostò il busto in avanti. Era riuscita a ottenere dal suo capo il permesso per assistere al test. Sperava, in questo modo, di cogliere qualcosa in più dell'enigma che per lei rappresentava Niall Jenkins. Aveva letto in un solo pomeriggio tutta la documentazione che lo riguardava, e ne era rimasta affascinata.

«Allora iniziamo» disse il dottore. Si girò verso il vetro e indicò un ragazzo. «Joshua Sprite, diciassette anni. Portato qui un anno fa per disturbi comportamentali. È stato ritenuto pericoloso per la comunità e la propria famiglia.»

Joshua camminava avanti e indietro nella sala. Ogni tanto fulminava con lo sguardo qualche ragazzo, ma apparentemente non mostrava alcun tipo di problema.

«Vi ricordo che i soggetti analizzati dovranno restare chiusi in questa stanza per sei ore. Lo scopo è osservare le loro dinamiche di interazione.»

Jessica annuì.

«Continuiamo» propose il dottor Chinne. Spostò l'attenzione su due ragazze impegnate a chiacchierare nell'angolo destro della stanza.

Jessica corrugò la fronte, le aveva incontrate poco prima nel corridoio. Le osservò, sembravano spaesate e confuse. Anche lei lo sarebbe stata al posto loro.

«Il soggetto con i capelli castani è Francesca Solari» disse il medico indicando la ragazza più vicino alla parete con un caschetto lungo e scompigliato. «Di origine italiana, si è trasferita nel Maryland un paio di anni fa. Ha iniziato a frequentare un ragazzo che l'ha introdotta nel giro della droga. È nell'istituto da sei mesi.»

Medici e avvocati parlavano tra loro. Era sconcertante vedere ragazze così giovani già sul baratro delle loro esistenze.

«Il soggetto femminile di fianco a lei si chiama Mavis Holmes. All'inizio ha creato un po' di problemi, ma sono stati risolti con successo.» Il dottore fece un sorriso. «La signorina Holmes è in questo riformatorio perché ha aggredito un ragazzo. È qui da tre mesi, ma il tribunale deve ancora stabilire il suo periodo di permanenza.»

Mavis si allontanò da Francesca. Tutti la osservarono in silenzio mentre si dirigeva verso un soggetto con una tuta arancione. Quest'ultimo stava chiacchierando con altri ragazzi in tuta verde, ma quando lei gli circondò il petto con le braccia lui la strinse a sé.

Jessica li osservò e, ancor prima di sentire il dottore parlare, seppe già il nome del ragazzo.

«Lui è il soggetto più...» il medico fece una pausa «più 'impegnativo' che abbiamo. Si chiama Niall Jenkins.»

All'udire quel nome alcuni sussultarono, altri restarono indifferenti.

«E la sua storia è abbastanza particolare.»

41

Scared

La cappa di fumo rendeva irrespirabile l'aria della stanza.

Niall era seduto a terra, le gambe piegate al petto, le mani sulle ginocchia. Ogni volta che provava ad abbassare le palpebre, gli occhi gli bruciavano. Il fumo li aveva resi rossi e gonfi. Se li coprì con una mano cercando di alleviare il dolore. «Potresti smetterla?» urlò frustrato. Si chinò in avanti con un gemito. Era così nervoso che avrebbe potuto lanciare contro il muro tutti i pochi oggetti presenti nella stanza.

Zayn sospirò, prese il posacenere dal tavolino in mezzo a loro e spense la sigaretta. Indossava dei pantaloni della tuta a vita bassa e una canotta nera che metteva in mostra i suoi tatuaggi.

Niall invece era a petto nudo. I capelli biondi gli ricadevano sulla fronte, il suo respiro pesante era l'unico rumore nella stanza.

Il fumo non gli impediva di vedere Anne, stesa mezza nuda sul letto. La fissò inespressivo per alcuni istanti, prima di riportare l'attenzione sui sottili fasci di luce che filtravano dalle tapparelle abbassate.

Zayn si avvicinò al letto sfatto, le lenzuola erano cadute ai lati e in alcuni punti toccavano il pavimento sporco. Accarez-

zò il volto magro della ragazza, per poi premerle due dita sul collo. «È viva» disse dopo qualche secondo.

Niall rilassò le spalle e appoggiò la schiena al muro. Non che temesse il contrario, si era solo dimenticato di darle da mangiare per un giorno e lei aveva perso i sensi. Si alzò, si avvicinò al letto e si sedette sul bordo del materasso.

I capelli scuri della ragazza erano sparsi sul cuscino candido, i suoi polsi erano bloccati ai lati del viso.

Lui guardò le sue unghie smaltate e sfiorò i segni rossi sui polsi. Forse aveva stretto le corde un po' troppo. Poi posò di nuovo la mano sul materasso e le accarezzò le guance ancora bagnate di pianto. Continuava a comportarsi normalmente, come se nel suo letto non ci fosse una ragazza legata e priva di sensi.

La guardò ancora un secondo. Aveva perso la testa da subito, ma Anne non aveva mostrato lo stesso trasporto. Quanti anni avrà avuto? Gli aveva detto diciannove, ma lui era convinto che avesse mentito; sembrava più piccola, e poi le ragazze mentivano sempre. «È davvero bella» sussurrò come se temesse di svegliarla. Sapeva che era stanca, aveva urlato così tanto.

Zayn alzò le spalle, infilò una mano nella tasca dei pantaloni e tirò fuori il pacchetto di sigarette bianco e rosso. La verità era che quella ragazza gli era del tutto indifferente.

«Sei ancora preso dalla biondina, eh?» gli chiese l'amico.

«Non penso siano affari tuoi.» Prese una sigaretta e fece scattare la fiamma del suo accendino.

Niall preferì far cadere il discorso, perché sapeva che lo avrebbe solo fatto incazzare.

Zayn guardò la ragazza, poi lui. «Non...» Fece una pausa chiudendo gli occhi con forza. «Non voglio più far parte di questa cosa.» Lo disse tutto d'un fiato, come se avesse paura di non poter uscire da quel mare di pazzia in cui si era tuffato anche se consapevole di non saper nuotare.

Niall guardò in basso e annuì. In quel momento invidiò

Zayn per aver avuto il coraggio di dirlo. Sapeva che l'amico aveva solo smarrito la sua strada. Non era come lui, che una strada non l'aveva mai avuta.

Si alzò, fece per chiedere a Zayn una sigaretta quando sentì un rumore secco provenire dall'entrata.

Si girò, ma già troppa gente era entrata in quella stanza piena di fumo.

«Ci sono voluti cinque poliziotti per portare via il signor Jenkins. Il signor Campbell, invece – il ragazzo con la carnagione scura che in questo momento è alla sua destra –, è stato più collaborativo» spiegò il dottore. «I loro casi sono collegati, tuttavia, sul signor Jenkins pesano più capi d'imputazione e di conseguenza dovrà scontare una pena maggiore: otto anni di detenzione. Sarà spostato a breve in un istituto penitenziario.»

Jessica strinse la cartellina portadocumenti contro il petto. Aveva letto e sentito la storia di Jenkins un centinaio di volte. E adesso, mentre il dottore era passato a un altro paziente, non poteva non osservarlo mentre teneva un braccio intorno alla vita di Mavis, che si era spostata più vicino a lui.

La cosa che fece aggrottare la fronte di Jessica fu il modo in cui lui guardava la ragazza. Nel corso della sua carriera aveva visto lo sguardo di centinaia di pazzi, ma quello di Niall non gli assomigliava neanche lontanamente. Continuava ad accarezzare il braccio di Mavis con estrema dolcezza. Tutto nel suo atteggiamento esprimeva premura e rispetto.

Dall'altra parte del vetro, consapevoli di essere osservati, Mavis sembrava spaventata e a disagio, Niall, al contrario, tranquillo e rilassato.

Mavis si teneva stretta alla maglia arancione di Niall,

come se temesse che potessero portarglielo via da un momento all'altro.

«Secondo te di cosa stanno parlando?» gli chiese a bassa voce.

Niall distolse l'attenzione dal discorso di Liam e Harry e la guardò. «Non lo so, credo stiano parlando di noi.»

Mavis strinse la presa intorno a lui. «Andrà tutto bene» gli mormorò all'orecchio.

«Di solito sono io che lo dico a te.»

Mavis sorrise. «Niall, cosa succede?»

Lui scosse la testa. «Ho paura che stiano parlando del mio caso» disse fissando lo specchio.

Mavis si irrigidì.

«Sono stato un bugiardo per così tanto tempo, principessa» le disse qualche minuto dopo. Tutto a un tratto si era incupito.

Lei aggrottò le sopracciglia. «Niall...»

«Voglio dirtelo, appena usciremo da questa stanza ti dirò il motivo per cui sono qui.»

Lei lo fissò interdetta. Aveva provato per così tanto tempo a scoprirlo, e adesso lui si stava offrendo di raccontarglielo. Cos'era successo?

«Non sei obbligato» rispose subito Mavis.

«Voglio farlo.»

«Perché?»

«Perché ho paura, Mavis. Sono spaventato a morte che tu possa andartene, e ho bisogno di sapere se tu sei disposta a rimanere anche una volta che avrai saputo la verità.»

42

Monster

Jessica camminava avanti e indietro davanti alla porta chiusa dello studio del direttore.

Non riusciva a togliersi dalla testa Niall Jenkins e Mavis Holmes. Aveva studiato così tanto, si ricordava ancora i complimenti del suo professore di criminologia e diritto penale, ma in quel momento, tutti gli esami che aveva dato, tutti i compiti e le relazioni che aveva scritto sul comportamento delle persone le sembravano stupidaggini. Un ragazzo che neanche conosceva l'aveva messa in crisi.

Sentendo i propri tacchi riecheggiare per il corridoio, si portò una mano tra i capelli scuri e si passò la lingua sul labbro inferiore dipinto di rosso. Voleva parlare con Niall, voleva chiedergli cosa fosse cambiato, come avesse fatto. Perché non se lo spiegava, sembrava una persona completamente diversa da quella descritta nei documenti...

Si girò di scatto quando sentì la porta aprirsi. Lo psicologo responsabile del test uscì dallo studio con una cartellina stretta tra le mani. Aveva appena finito di parlare con Marcus, l'esperimento era finito da un'ora e tutti i pazienti erano tornati nelle loro stanze.

Jessica lo seguì lungo il corridoio. «Aspetti!»

Il dottore strinse gli occhi da dietro le lenti. «Signorina...»

«Jessica» ansimò. «Mi chiamo Jessica Dirtreck. Rappresento lo studio legale che assiste il signor Jenkins e ho assistito al test.» Sorrise.

Il dottore annuì, facendole cenno di continuare.

«Sì, ecco, volevo chiederle se posso rubarle qualche minuto.» Sorrise ancora, il suo ragazzo le diceva che era carina quando lo faceva.

«Certo.»

«Grazie mille.» Aprì la cartellina e tirò fuori le relazioni sullo stato psichico di Niall. «Ho letto tutti gli appunti delle prime sedute del signor Jenkins, ma il ragazzo che abbiamo osservato oggi sembrava completamente diverso da quello descritto in questi documenti.»

Lo psicologo aggrottò la fronte e prese uno dei fogli. «Scusi, ma lei di cosa si occupa esattamente?»

Jessica deglutì. «Sono l'assistente del suo avvocato, mi sto specializzando in psicologia forense» rispose. «Quello che vorrei capire, dottor Chinne, è l'evoluzione psicologica del signor Jenkins. Queste carte lo descrivono come un mostro, eppure il ragazzo che ho osservato oggi mi è sembrato normalissimo, equilibrato e perfettamente in grado di tessere relazioni sociali. Anzi, ho trovato sorprendente il suo modo di interagire con la signorina Holmes. Verrebbe da pensare che non sia la stessa persona arrestata tre anni fa.»

Lo psicologo sospirò pesantemente. «Ascolti, il signor Jenkins soffre di gravi disturbi della personalità. È normale che abbia sbalzi comportamentali come quello a cui ha assistito.»

«Non senza una ragione...» lo interruppe.

«Signorina, alcune informazioni sono riservate e accessibili solo ai medici che seguono il paziente.» Le diede le spalle.

Lei strinse le mani a pugno. Non poteva lasciarlo andare via. «Mi faccia parlare con lui» esclamò. «La prego.»

L'uomo si girò e alzò un sopracciglio. Fece per rispondere, ma poi sospirò. «Sa che le dico?» disse dopo una breve pausa. «Va bene, avrà un incontro con il paziente. Però, deve promettere che questa sarà la prima e ultima volta che me lo chiede. Scommetto che l'avvocato per cui lavora neanche sa di questa sua richiesta.»

Jessica annuì velocemente; nessuno avrebbe affidato a una stagista un compito così delicato.

«Lo prometto» disse. Tutto ciò che voleva era parlare con Niall Jenkins.

Il dottore fece una smorfia per poi allontanarsi.

Sul viso di Jessica affiorò un sorriso.

«Voglio solo dire...» Niall le passò una mano tra i capelli. Erano così belli. «Capirò se non vorrai più stare con me.»

Guardarla lo faceva sentire strano, provava quasi un dolore allo stomaco. Ma era un dolore che accettava volentieri, una delle poche cose che gli faceva capire di essere vivo.

Mavis lo fissò. Erano stesi sul letto della stanza 105 e lei avrebbe voluto urlargli contro.

«Capirò se non vorrai più stare con me» disse lui di nuovo.

Erano ore che ripeteva quelle parole, come se davvero lei avesse potuto scegliere di lasciarlo. Come avrebbe potuto? Mavis non poteva vivere senza di lui.

Mavis gli accarezzò il collo teso, risalendo lungo la

mascella per asciugargli le lacrime che gli bagnavano gli occhi azzurri.

Niall si chinò verso di lei e le diede un tenero bacio sulla punta del naso, poi sfiorò le sue labbra tremanti. «Mi dispiace così tanto» sussurrò.

Lei continuò ad accarezzarlo.

«Non avrei mai voluto farle del male» riuscì a dire Niall tra un singhiozzo e l'altro.

Mavis lo guardava col cuore a pezzi, senza sapere cosa fare. Era la prima volta che lo vedeva crollare in quel modo. «Respira, Niall» mormorò. Si appoggiò contro il suo petto. Poteva solo stringerlo e aspettare che si calmasse.

Dopo qualche minuto, il respiro di Niall tornò normale. Iniziò di nuovo ad accarezzarle i capelli, tenendo lo sguardo fisso sul soffitto bianco. «La prima volta che ho visto Anne aveva due lunghe trecce scure. Ricordo di aver fantasticato di giocarci per ore.» Strinse Mavis a sé. «Credevo di essere innamorato di lei, ne ero fermamente convinto. Provavo delle emozioni fortissime, incontenibili» disse a bassa voce, come se stesse raccontando la storia della buonanotte a una bambina.

Mavis lo era, in fondo, ma lo incoraggiò stringendosi di più a lui quando riprese a parlare.

«Solo adesso capisco che non era amore, ma desiderio di possesso, un'ossessione senza freni.» Fermò le carezze sul corpo di Mavis. «La andavo a prendere tutti i giorni all'uscita dal lavoro e la accompagnavo a casa. Poi un giorno mi disse di non cercarla più, perché aveva conosciuto un altro ragazzo e si era innamorata di lui. Andai fuori di testa. Lei mi aveva illuso. Mi spiace per tutto quello che le ho fatto, ero fuori di me. Mi dispiace da morire, farei qualsiasi cosa per cancellare il male che le ho fatto.»

Era davvero pentito, Mavis lo percepiva; sembrava

sinceramente disperato per non poter rimediare alle proprie azioni.

«Qualche giorno dopo, nonostante mi avesse chiesto di starle lontano, andai lo stesso a prenderla al lavoro e le chiesi di parlare. Lei si impietosì nel vedermi così triste e acconsentì a salire in macchina. Con l'inganno la portai a casa mia e, una volta dentro, la rinchiusi nella mia stanza. Non so cosa mi passasse per la testa, ma la volevo solo per me. Decisi che, se non poteva essere mia, non sarebbe stata di nessun altro. Ero convinto che fosse solo questione di tempo, che prima o poi si sarebbe innamorata di me e avrebbe capito che eravamo fatti per stare insieme. Una sera, poco dopo aver rapito Anne, incontrai Zayn. Era perso, chiunque lo avrebbe capito. Mi raccontò la sua storia e io gli raccontai la mia, e così lo portai da me. Quando vide Anne, mi diede del pazzo, ma poi riuscii a convincerlo che la mia follia aveva un senso. Da quel giorno Zayn si trasferì a casa mia e mi diede una mano con lei.»

Mavis teneva gli occhi sbarrati contro la porta della stanza. Non disse niente. Non riusciva a credere completamente a quelle parole, Niall e Zayn erano così diversi da come lui li descriveva. Era come se stesse sentendo parlare di persone che non conosceva realmente.

«Zayn, però, era troppo preso da Perrie, e dopo qualche giorno cominciò a pensare di smettere.»

Non appena Perrie lo aveva ricontattato, Zayn aveva iniziato a mostrarsi insofferente verso quella situazione. E Niall, alimentato dall'invidia, aveva reagito sfogando la propria rabbia su Anne, che continuava a non corrispondere i suoi sentimenti. Aveva cominciato a privarla di acqua e cibo, a negarle l'utilizzo del bagno, a tenerla legata al letto per intere giornate. Questa fu la parte più difficile da raccontare a Mavis. Lui stesso provava nausea nel ripensare alle cose di cui era stato capace.

«Il giorno in cui Zayn mi disse che voleva smettere, la polizia fece irruzione in casa e ci arrestò. Ripensando a quel periodo, continuo a chiedermi come abbia potuto fare una cosa del genere. Non mi perdonerò mai per il male che le ho fatto. A un certo punto» la voce di Niall si fece rotta come il suo cuore «ho addirittura pensato di averla uccisa.»

Niall scoppiò in un pianto isterico, mentre Mavis tremava fra le sue braccia.

«Sono un mostro» mormorò lui tra le lacrime. E, in quel momento, lo pensava davvero.

43

Condom

Mavis avrebbe voluto stringerlo, guardarlo negli occhi mentre piangeva e asciugargli le lacrime. Invece rimase con la testa appoggiata sul suo stomaco. Sapeva che un pianto come quello non doveva essere disturbato.

Aspettò ancora e poi, lentamente, iniziò ad accarezzargli un braccio risalendo fino al collo e poi al viso bagnato. Quindi si spostò e appoggiò la testa sul cuscino, in modo da guardarlo negli occhi. Gli passò una mano tra i capelli, ancora senza parlare.

Il respiro di Niall rallentò, la linea delle sue labbra si fece meno dura. Dopo altri istanti aprì leggermente gli occhi. C'era solo una fonte di luce in quella stanza, ed erano i lampioni all'esterno che illuminavano la cella 105 attraverso la piccola finestra.

Niall si passò la lingua sul labbro inferiore, e tirò su col naso. «Dovresti starmi lontana, Mavis» sussurrò con un filo di voce.

Le accarezzava i capelli mentre lo diceva. Quel gesto era così in contraddizione con le sue parole, come se le stesse urlando di andarsene e al contempo la tirasse sempre più verso di sé.

«Lo sai che non lo farò» rispose Mavis. E lo pensava davvero. Si ricordò della reazione che aveva avuto quando Zayn le aveva detto di cosa lui e Niall erano accusati. E si rese conto, con sorpresa, che adesso che conosceva l'intera storia, si sentiva inspiegabilmente più tranquilla.

«Lo so.»

Parlavano a voce sempre più bassa. Mavis si tirò su. Arrivò all'altezza del suo viso e lo baciò lentamente. In quel momento si rese conto di quanto fosse bello baciarlo, e di quanto poco lo facesse.

«Lo so» ripeté Niall senza staccare le proprie labbra dalle sue. «Ma so anche che dovrei lasciarti andare, per il tuo bene, e perché ti amo.»

«Non lo farai» commentò lei.

Niall le appoggiò le mani sui fianchi magri, allontanandosi quel poco che bastava per guardarle il viso stanco. Da sotto le ciglia lunghe la fissava come se la vedesse per la prima volta.

«Ho appena detto che ti amo» le fece notare.

«Ho sentito. Ti amo anche io» rispose lei ridacchiando.

Niall aggrottò la fronte.

Mavis si sorprese del proprio tono. Quella frase le era uscita così, naturalmente, senza pensare.

«Tu...» iniziò lui confuso «tu non credi a queste cose.» Era senza fiato, come se volesse darsi un motivo per cui Mavis non potesse averlo detto davvero.

Lei gli prese il viso tra le mani, strofinò con il pollice la sua guancia ispida per poi soffermarsi sulle labbra lucide e gonfie.

«Forse non ci credevo perché nessuno mi aveva mai mostrato questo lato dell'amore.»

«E che lato è?»

«*Reale.*»

Niall alzò la testa per baciarla; voleva solo quello in quel momento, voleva prenderle le labbra fra i denti e succhiarle fino allo sfinimento. Lo fece, mentre le accarezzava la pelle da sotto la maglia. Sembrava prendere ossigeno direttamente da lei. Quando sfiorò il reggiseno, lei emise una specie di gemito.

Era la prima volta che toccava una donna in quel modo, preoccupandosi non di sé stesso e delle proprie sensazioni, ma della persona che aveva di fronte, del suo piacere, del suo benessere.

Niall si mise seduto e la tirò a sé. Mavis sorrise, si alzò per sfilarsi la maglia, e si sistemò a cavalcioni sopra di lui. Tornarono a baciarsi in modo sempre più scomposto ed eccitante.

Mavis gemette eccitata quando lui le strinse la vita e la spinse ancora più contro di sé.

Nessun ragazzo le aveva mai fatto provare sensazioni simili. Con Niall era tutto diverso, il modo in cui schiudeva le labbra e respirava tra le sue la faceva andare fuori di testa.

Fece scendere le mani giù per il petto, strinse la stoffa arancione e si mosse sopra di lui.

Niall alzò la testa verso il soffitto per qualche secondo, tenendo gli occhi chiusi mentre Mavis intrufolava il viso nell'incavo del suo collo e lo baciava languidamente.

I loro respiri si fecero più veloci. Niall abbassò la testa e tornò a baciarle con passione le labbra rosse e gonfie. Spalancò gli occhi di scatto quando sentì la mano fredda di Mavis scendere fino al bordo dei suoi pantaloni e toccarlo da sopra il tessuto.

Si abbandonò per qualche minuto a quella sensazione che non provava da troppo tempo ma, quando lei si avvicinò all'elastico dei boxer, le prese il polso, fermandola. Fermando tutto. No, non voleva questo.

Mavis si distanziò leggermente e aggrottò la fronte confusa. «Non...» respirò con un po' di affanno «non vuoi?»

«Cosa?» chiese Niall un po' spiazzato. Era ancora sopraffatto dalle emozioni, e aveva un rigonfiamento imbarazzante all'altezza del cavallo dei pantaloni.

Capì quando vide Mavis coprirsi il viso con le mani.

«No, no, no» esclamò avvicinandosi al suo volto. «No, io ti amo, Mavis, e ti desidero davvero, *davvero* tanto.»

Lei abbassò lo sguardo. «Allora cosa ho fatto di sbagliato?»

Niall la strinse tra le braccia. Come poteva spiegarle che se avessero iniziato lui non si sarebbe più fermato?

«Non capisci, noi non... non abbiamo le *possibilità* per farlo» le disse fissandola per un paio di secondi dritto negli occhi.

A un tratto Mavis capì. «Oh. Preservativi» commentò in tono sereno.

«Già» mormorò lui, nascondendo un sorriso. Si coricò e tese le braccia per farla stendere accanto a sé. «Io ti amo, Mavis. Come non ho mai amato nessuna» le disse accarezzandole i capelli.

Lei, rannicchiata contro il suo petto, alzò la testa e gli sorrise.

'Perché sono qua?' avrebbe voluto chiedere Niall, ma la guardia che lo aveva accompagnato in quella stanza era già uscita. E comunque, non intendeva parlare. Il silenzio, in quell'istituto, era la sua arma migliore.

Strinse i braccioli della sedia su cui era ammanettato. Neanche provò a liberarsi.

Osservò con attenzione la porta aprirsi. Per un momento ebbe paura di ritrovarsi davanti Marcus, ma quando intravide dei capelli mossi e scuri gli venne quasi da ridere.

Una ragazza alta, con addosso dei pantaloni neri e una camicetta chiara, posò una cartellina sul tavolo e si sedette davanti a lui.

Gli sorrise. «Ciao Niall.»

44

Jessica

«E tu chi cazzo saresti?» chiese Niall ridacchiando. Osservò le manette che lo legavano alla sedia e subito dopo spostò l'attenzione sulla giovane donna che gli si stava avvicinando.

Jessica si fermò a pochi centimetri da lui. Raccolse la cascata di ricci scuri su una sola spalla, tirò fuori dalla tasca una piccola chiave e sbloccò le manette.

Niall inarcò le sopracciglia e si guardò le mani finalmente libere. Poi la fissò allontanarsi e sedersi sulla sedia di fronte. «Perché l'hai fatto?».

Jessica scrollò le spalle. «Non voglio che tu pensi che io sia qui per farti del male o qualcosa del genere.»

Lui annuì, si accarezzò i polsi e subito dopo si sporse con il busto in avanti. «Quindi, chi sei?» domandò di nuovo. Quella giovane donna non sembrava una persona cattiva, e in più gli aveva tolto le manette. Questo lo fece tranquillizzare parecchio.

«Mi chiamo Jessica, collaboro con il tuo avvocato, e l'altro giorno ti ho osservato per sei ore dietro lo specchio unidirezionale» lo informò.

Teneva gli occhi fissi su di lui, che si muoveva nervosamente sulla sedia.

«E perché siamo qui?» le domandò.

«Ho chiesto di incontrarti.»

Niall si guardò intorno, fece un sospiro e poi mormorò: «Voglio tornare da Mavis.»

Jessica spalancò gli occhi e sorrise. «È proprio di questo che volevo parlarti!» esclamò quasi felice.

Lui la guardò con una rabbia improvvisa. «Lascia stare Mavis» disse a denti stretti. Nessuno doveva nominarla.

Jessica aprì una cartellina, tirò fuori dei fogli e li sparse sul tavolo. «Stai tranquillo» sussurrò.

Niall rilassò le spalle e osservò i fogli. Erano fotocopie.

«Queste sono le relazioni del tuo psichiatra. Sono riportate tutte le sedute. Dalla prima all'ultima.»

Lui annuì, ancora non capendo.

«Conosco la tua storia, so cosa hai fatto e so per certo che, stando all'idea di te che la stampa ha contribuito a diffondere nell'opinione pubblica, non dovresti comportarti così con Mavis» continuò Jessica. «Ma osservandoti e studiando la tua cartella clinica, ho scoperto che, se all'inizio eri ostile, avevi pensieri perversi e manifestavi forti disturbi della personalità, con l'andare del tempo e delle sedute sei come...»

«Cambiato» finì Niall. Sospirò e si passò una mano tra i capelli corti. «Io non ci credo a tutte queste merdate» borbottò.

Jessica si accigliò. «Cosa? Perché?»

La fulminò con lo sguardo. «E neanche Mavis. La conosco.»

Lei appuntò qualcosa su un foglio.

Niall le prese il polso, facendola spaventare. «Cancella il nome di Mavis» ordinò.

Vedendola restare interdetta qualche secondo, le urlò di nuovo: «Ti ho detto di cancellarlo!»

Jessica sobbalzò e fece come le aveva chiesto. «Niall, di cos'hai così paura?» chiese poi lentamente, osservandolo.

«Non voglio che Marcus sappia che abbiamo parlato di lei. Mavis non si merita altro dolore.»

«Non le succederà nulla.»

«L'ha picchiata davanti a me, Jessica. Ha urlato, pianto, e io non potevo fare niente. Non voglio che succeda di nuovo.»

Jessica rimase in silenzio, esterrefatta. Guardò Niall ma, prima che riuscisse a chiedere qualcosa, lui parlò.

«Cosa c'è? Pensavi che qui fosse tutto rose e fiori?» Rise amaramente. «Be', ti sbagliavi.»

«Marcus abusa di voi?» gli chiese.

«Quando facciamo qualcosa che non gli piace, ci prende a botte» spiegò guardando in basso. Poteva ancora sentire il dolore che aveva provato nel vedere Mavis stesa a terra, priva di sensi.

Jessica scosse la testa. Di questo ne avrebbe parlato più tardi con il suo capo. «Mi dispiace.»

«A me dispiace per Mavis. Lei non si merita di stare qui» ribatté Niall. Si tirò giù le maniche della maglia arancione.

«Cosa ti lega così tanto a lei?»

«Lei non mi vede come un mostro, per lei sono solo Niall. E a me va bene così.» Schiuse le labbra in un sorriso.

Jessica prese due fogli. «Questo» disse porgendogliene uno «è il resoconto della tua quarta seduta di quest'anno.»

Niall lesse. Non si riconobbe in quella descrizione, e per un attimo si spaventò di sé stesso.

«Questo, invece, è quello della quinta.» Appoggiò l'altro foglio sul tavolo.

Lesse anche quello, e rimase perplesso.

«Ora, Niall, osserva le date e dimmi per favore cos'è successo tra la quarta e la quinta seduta» chiese Jessica con tono dolce. Voleva solo capire.

Niall annuì e guardò i due fogli, poi alzò lo sguardo sulla donna.

«Due giorni prima della quinta seduta avevo conosciuto Mavis» soffiò.

«È sempre più difficile.» Zayn sospirò. Era arrivato quasi al limite.

«Lo so.»

Lui alzò lo sguardo. In qualche modo, guardare Perrie lo faceva calmare, come se lei fosse la corda sottile a cui tenersi aggrappato per non cadere nella disperazione.

«Perché mi guardi?» chiese Perrie ridacchiando.

«Mi piace farlo» mormorò non staccando gli occhi da lei. La trovava bellissima. Non si sarebbe mai stancato di guardarla.

Perrie arrossì imbarazzata, si sistemò sulla sedia e si avvicinò alla lastra di vetro. «Ci siamo quasi, Zayn» lo rassicurò con un sorriso.

Il ragazzo si prese la testa tra le mani, puntò lo sguardo sulla superficie scura del bancone e sentì le lacrime fare capolino. Provò inutilmente a ricacciarle indietro sbattendo le palpebre. Poi, con occhi persi e lucidi di pianto, guardò la ragazza irraggiungibile davanti a lui.

«Io ti voglio con me, Perrie.» Si passò una mano sulle guance umide.

Ormai vederla attraverso un vetro non gli bastava più. Voleva baciarla, toccarla, stringerla a sé. Provava una profonda rabbia per il fatto di non poter stare con la ragazza che bramava da tre anni.

«E presto sarà così, Zayn. Te lo prometto» mormorò

lei. Anche sul suo volto delicato si leggevano i segni della tristezza e della preoccupazione.

«Sono stanco di aspettare!» disse frustrato. «Non ce la faccio più!»

«Zayn» cercò di calmarlo.

Lui si alzò dalla sedia e sbatté i pugni sul bancone. «Io voglio solo stare con te, dannazione!» urlò. Scaraventò la sedia terra, le lacrime continuavano a uscire inesorabili dai suoi occhi.

E fu in quel momento che la porta dall'altro lato del vetro si aprì.

Zayn si fermò qualche istante per respirare, e vide la guardia prendere Perrie per un braccio e accompagnarla all'uscita.

«No!» sbraitò. Si lanciò contro il vetro e iniziò a prenderlo a pugni. «Ti prego, Perrie, non andartene.»

Lei cercò inutilmente di divincolarsi dalla presa della guardia.

«Non portatemela via!» implorò lui, la faccia contratta in una smorfia di dolore.

«Tornerò, Zayn, te lo prometto» disse Perrie.

La guardia era intervenuta perché Zayn aveva iniziato a urlare. Lui lo sapeva, ma ormai non riusciva più a fermarsi.

«No! Torna da me!» urlò mentre la porta dall'altro lato si chiuse una volta per tutte.

Cadde a terra, tirò le ginocchia al petto e pianse finché una guardia non lo andò a prendere. Stava impazzendo.

«Voglio solo capire: cosa c'è di diverso in Mavis?» chiese Jessica.

Era quasi un'ora che parlavano, e Niall aveva iniziato a mostrarsi di nuovo reticente.

Prese un sorso d'acqua, poi la guardò. «Lei mi ama. Lei mi dà quello che io mi prendevo con la forza dalle altre ragazze» rispose.

«Tu costringevi le ragazze ad amarti?»

«Sì, anche se il limite l'ho superato solo con Anne» commentò freddo. Aveva già pianto abbastanza.

Jessica si accarezzò un braccio scuotendo la testa. «Sono così affascinata dal tuo comportamento con Mavis» iniziò. «So che parli solo con lei; con gli inservienti e le guardie ti rifiuti di interagire. So anche che non partecipi alle attività di gruppo perché 'non sopporti le persone'. Eppure, quando si tratta di Mavis sembri un altro: sei attento, premuroso, protettivo.»

Lui si guardò le mani.

«E poi non sei riservato quando si parla di lei» gli fece notare.

Niall scosse la testa e accennò un sorriso. «È la prima persona che mi fa sentire così, e io non voglio nasconderlo.»

Jessica ricambiò il sorriso e annotò qualcosa sul suo foglio fitto di appunti.

45

Alexithymia

Kyle si portò il bicchiere alle labbra e bevve un sorso del suo caffè, chiudendo gli occhi in due fessure mentre rifletteva sulle parole di Jessica.

«Ti dico che lui è *completamente* cambiato» continuò lei. Il suo cappuccino era ancora intatto sul tavolo. «Non so come spiegare questa cosa. È come se Niall neanche si ricordasse che tipo di persona fosse.»

«Jess, ha sequestrato e seviziato una ragazza» ricordò Kyle. Non aveva nulla contro Niall, temeva solo per la sua fidanzata. Lui ci teneva davvero a Jessica, e non voleva che rischiasse di farsi male.

«Lui non è quello che pensi» lo difese lei.

Kyle scosse le spalle. «Non mi piace la confidenza che sta nascendo tra di voi.»

«Non essere ridicolo. L'ho visto una volta sola e non ha fatto altro che parlare della sua ragazza.»

Kyle corrugò la fronte. «Mavis, la ragazza che soffriva di alessitimia, giusto?»

«Sì» rispose Jessica. «Ma sembra che anche lei abbia fatto progressi notevoli in questi pochi mesi.» Guardò oltre il loro tavolino alcune persone che erano entrate. Il bar si stava riempiendo.

«Ascolta» la chiamò Kyle. Le prese una mano. «Non volevo farti arrabbiare. Solo che non mi fido.»

Jessica lo osservò, i suoi occhi scuri come la notte la guardavano con aria dispiaciuta. «Va tutto bene Devi stare tranquillo.» Fece un piccolo sorriso. Spostò la sedia vicino a lui e gli stampò un bacio sulla guancia.

Kyle ridacchiò, per poi premere le labbra contro le sue. «Come sono andate le sei ore di osservazione?» chiese dopo qualche minuto.

«Bene, dovevi vedere come la guardava... Lui la ama» commentò Jessica. Si staccò da Kyle e posò il bicchiere sul tavolo.

«Fra qualche settimana andrà in prigione... Cosa intendi fare?»

Lei si spostò una ciocca di capelli da davanti agli occhi. «Voglio far riaprire il caso.»

«Come sta?»

«Disperato è un eufemismo» sospirò Harry. Appoggiò le spalle muscolose contro il muro e alzò la testa verso il soffitto. «Durante l'incontro ha dato di matto e l'hanno trascinato via. Adesso ha preso un calmante ed è più tranquillo.»

Mavis annuì e strofinò le mani tra loro per riscaldarle. Quel giorno pioveva forte e la felpa non bastava a proteggerla dal freddo.

Guardò Harry. Aveva la mascella tesa, sembrava arrabbiato.

«Cosa c'è che non va?» chiese Mavis.

Lui si passò una mano tra i capelli. «Se Zayn nel suo stato confusionale avesse anche solo sfiorato una guardia, hai idea di cosa sarebbe successo?» Si staccò dal muro. «Le guardie sarebbero aumentate, e i controlli su di lui raddoppiati Sarebbe stato impossibile scappare da qui. Zayn ha rischiato di mandare tutto a puttane.»

Mavis non fece in tempo a rispondere che Harry era già uscito dalla sua cella.

Quelle parole l'avevano colpita. Capiva la preoccupazione di Harry, ma non le sembrava giusto prendersela con Zayn. Decise di controllare la situazione.

Entrando nella sua stanza, trovò Zayn raggomitolato nel letto, le coperte tirate fin sotto il mento come se volesse proteggersi. Di cosa aveva paura?

Mavis si sedette sul bordo del materasso.

«Harry ha ragione, vi ho messo tutti in pericolo» mormorò.

Lei si girò di scatto. Zayn era rivolto verso il muro, aveva i capelli scompigliati e gli occhi socchiusi. Era come se si stesse per addormentare.

«Vuoi dirmi cos'è successo?»

Lui cercò di girarsi a pancia in su, ma dopo vari tentativi ci rinunciò e si rannicchiò ancora di più. Era troppo stanco per muoversi. «Io...» iniziò, la voce era bassa e roca «sono così nervoso. Voglio solo una cosa, ma non posso averla.»

Mavis incominciò ad accarezzargli una gamba.

Zayn chiuse gli occhi e scosse il capo. «Ogni minuto prego che arrivi il prima possibile il giorno in cui scapperemo.»

«Anche io.»

Lui alzò la testa dal cuscino. «Non fare finta che per te sia lo stesso.»

Mavis inarcò le sopracciglia. «Anche io voglio uscire da qui.»

«Sì, ma Niall è con te.» Parlò a voce più alta. Si sedette e si portò le mani alla testa, gli faceva male. «Per stare con Perrie, invece, devo per forza uscire da qui. E non ce la faccio più a starle lontano!»

Mavis lo abbracciò per cercare di tranquillizzarlo.

Zayn appoggiò la testa sulla sua spalla esile, e pianse, perché era troppo stanco per arrabbiarsi.

Dopo qualche minuto si calmò e si avvicinò al viso di Mavis. I suoi occhi azzurri lo stavano distruggendo, erano così simili a quelli di Perrie...

Posò le labbra sulla bocca di Mavis.

Lei non si scostò, sapeva che solo così avrebbe potuto aiutarlo a sopportare il dolore.

46

To have

Altre lacrime gli bagnarono il viso scuro. Zayn si portò le mani tra i capelli e si dondolò avanti e indietro. Poi si stese di nuovo e continuò a piangere. «Per favore, non dirglielo» singhiozzò.

Mavis non riusciva a staccargli gli occhi di dosso, non sapeva se spaventarsi o ridere di quello che era successo. Non aveva mai visto Zayn così disperato, così oltre la linea. Le sembrava che stesse andando a pezzi, che fosse sul punto di frantumarsi in tante piccole parti.

«Niall andrebbe fuori di testa. Non dirglielo, ti prego» continuò.

«Non dirò niente» mormorò Mavis. Gli andò più vicino. Più guardava i suoi occhi stanchi e più capiva che quello era l'ultimo stadio, l'ultimo livello a cui poteva giungere l'amore per una persona: la pazzia.

Lei si sarebbe mai comportata così? Avrebbe mai potuto dare di matto senza Niall?

Nelle due settimane in cui erano stati separati, Mavis era stata male, ma non aveva mai raggiunto la disperazione che provava Zayn adesso. Forse aveva ragione lui, nel dire che per Mavis era diverso, perché Niall era lì, sotto il suo stesso tetto.

Le faceva male vedere Zayn così, proprio lui che all'inizio le era sembrato tanto forte e sicuro di sé. Allora Mavis non immaginava che lo avrebbe visto piangere così tante volte. Forse incontrare Perrie non lo aiutava, ma lei non glielo avrebbe mai detto. Sapeva che Zayn non poteva rinunciare a vederla, fosse anche solo attraverso un vetro... E lo capiva, perché, anche se era una magra consolazione, era pur sempre meglio di niente.

«Grazie» sussurrò lui.

Mavis gli accarezzò una guancia. «Perché l'hai fatto?» chiese riferendosi al bacio.

«I tuoi occhi sono così simili ai suoi...» mormorò. «Non ce la facevo più a guardarli senza fare niente, mi dispiace.»

Lei scrollò le spalle. «Sei così forte, Zayn. Non arrenderti.» Lo pensava davvero. E sapeva anche che Niall un tempo avrebbe fatto di peggio per contrastare il vuoto della mancanza di qualcuno.

«Non è vero» bisbigliò lui. «Se davvero lo fossi, non avrei mai seguito Niall quella sera.»

«Zayn...»

«Ho fatto cose bruttissime, Mavis, e non so come mai Perrie mi voglia ancora. Non so cosa ho fatto per meritarmela, ma ho paura che lei vada avanti senza di me» mormorò. «Ho paura che lei semplicemente si stanchi di aspettare.»

«Non lo farà, forse anche Perrie ha paura che stando qua dentro tu ti possa dimenticare di lei» ribatté Mavis accarezzandogli i capelli.

Lui annuì leggermente e si portò le coperte fin sotto il collo. In quel momento sembrava un bambino spaventato dal buio.

Mavis fece un piccolo sorriso e uscì dalla stanza, scordandosi il sapore delle sue labbra.

«Non perdere il controllo» le ripeté Niall.

L'aveva presa per le spalle e spinta delicatamente contro il muro; da lì tutti e due potevano ancora vedere la sala colloqui.

«Come faccio?» disse Mavis con voce affannata. «Come faccio a guardarli sapendo che sarà l'ultima volta?»

Niall la guardò, in realtà non sapeva cosa dirle.

Era strano, lui non aveva mai provato grande attaccamento verso la famiglia, fatta eccezione per suo fratello. Aveva pochi ricordi di quando era piccolo. Sua madre si stendeva nel letto con lui quasi ogni sera. Non parlava, non raccontava storie né niente, stava solo lì a guardarlo, la testa appoggiata su un gomito, una mano che ogni tanto si intrufolava tra i suoi capelli biondi mentre lui pensava a come Spider-Man riuscisse ad attaccarsi ai muri.

Quello era uno dei pochi ricordi belli che aveva di sua madre. Di suo padre ricordava solo alcune cene di Natale, qualche abbraccio o pacca sulle spalle.

Niall avrebbe voluto conoscerli meglio, avrebbe voluto passare più tempo con loro, ma ovviamente non poteva cambiare quello che era successo.

«Quando scapperemo di qui, non potremo ritornare alla nostra vita di prima, Mavis. Noi scompariremo, andremo lontano. Questa è la tua ultima occasione per salutarli» disse Niall. Le accarezzò il collo, appoggiò la fronte contro la sua e la guardò negli occhi trasparenti.

Mavis si scansò dal muro. «Non voglio dire addio a Killian. Lui è solo un bambino.» Il fiato le ritornò corto. «E mia madre ha già perso due mariti, non voglio che cada di nuovo in depressione.»

Niall la tirò contro di sé e iniziò a far dondolare i loro corpi. «Avrai la fortuna di non vedere il dolore nei loro occhi. Quando sapranno della tua scomparsa, noi saremo già lontani» le sussurrò.

«Ma soffriranno comunque.»

Niall le prese il viso tra le mani. «Guardami» ordinò appena notò che lei cercava di non incontrare il suo sguardo. «Una possibilità, abbiamo una sola possibilità per essere felici. Loro capiranno.»

Mavis non disse nulla. Dopo pochi secondi si staccò da Niall, gli diede un leggero bacio sulle labbra e si incamminò verso la porta della sala colloqui.

Quella era l'ultima volta che avrebbe visto suo fratello e sua madre; doveva essere forte e sfruttare il tempo che le rimaneva.

Killian... Un vortice di pensieri le fece girare la testa. Era così piccolo, e oltre a non avere un padre non avrebbe avuto neanche una sorella. Quello Mavis non se lo sarebbe mai perdonata. Non lo avrebbe visto crescere e cambiare. E lui probabilmente non avrebbe capito la sua scelta e l'avrebbe odiata per mesi, anni, forse per sempre.

Mavis, però, aveva già deciso. Aveva deciso di vivere il resto della sua vita con Niall. Lo faceva anche per lui, perché anche si meritava una seconda possibilità.

Lo faceva anche per Zayn, che sarebbe scomparso nel buio della notte se non ci fosse stata Perrie a tenerlo sulla giusta strada. Lo faceva per Louis, che non sapeva ancora perché volesse uscire da lì. Per Liam e Francesca, che avevano messo da parte il loro passato e si erano incontrati e riconosciuti nel dolore di quelle mura bianche. E lo faceva per Harry, che voleva una seconda chance per provare a dare un senso alla propria vita.

Come avrebbe potuto voltare le spalle a tutti loro?

Quando fu sul punto di afferrare la maniglia della porta che l'avrebbe condotta dritta nel centro del proprio dolore più profondo, si voltò di scatto.

Lo faceva anche per un'altra persona, e anche Niall lo avrebbe fatto per lui.

«Jason» disse Mavis. «Jason deve venire via con noi.»

47

Disappear

«Mavis...» la rimproverò Niall con sguardo duro.

«Ti prego, ha fatto così tanto per me» cercò di convincerlo.

Lui alzò gli occhi al cielo. «Okay, mentre tu sei dentro io vado a parlargli.»

Mavis fece un piccolo sorriso, si avvicinò a Niall e appoggiò le labbra sulle sue. Lo ringraziò tacitamente e gli diede un altro bacio.

Lui si ammorbidì, le sorrise di rimando e si incamminò verso l'ala Est per incontrare Jason.

Mavis lo osservò ancora per qualche secondo, prima di girarsi e stringere la maniglia della porta. Prese un respiro profondo ed entrò nella stanza.

La solita sedia, il solito bancone, la solita stanza divisa a metà. Ormai non faceva più caso alla monotonia di quel posto, andava solo avanti aspettando il giorno in cui se ne sarebbe andata.

«Bambina mia» sentì mormorare.

Alzò gli occhi chiari. Sua madre era dall'altro lato della stanza, con una mano appoggiata alla lastra di vetro e l'altra a tenere il figlio più piccolo in braccio. Aveva i capelli scuri raccolti nella solita coda, con qualche ciuffo che le ricadeva sulla fronte.

Mavis fece un sorriso e si avvicinò. Avrebbe voluto piangere, ma non lo fece. Voleva essere ricordata così.

«Ciao, mamma.»

Si mise a sedere e la guardò negli occhi. Era questo che si provava nel lasciare una persona? Un leggero fastidio allo stomaco, niente di più. Una sensazione sopportabile, un senso di colpa quasi inesistente. Mavis si disse che forse era per quello che le persone se ne andavano, ma era anche consapevole che, prima o poi, il dolore si sarebbe fatto sentire.

«Ti trovo bene» continuò sua madre. «Non sei dimagrita tanto, e hai meno occhiaie dell'ultima volta.»

'Niall si prende cura di me' avrebbe voluto risponderle. «Mi sto abituando» disse invece.

La madre annuì e guardò Killian, che stava fissando Mavis come se ne fosse affascinato.

«Quando torni a casa? La mamma mi ha regalato un nuovo mantello, voglio fartelo vedere!» esclamò entusiasta.

Mavis gli sorrise. «Presto.» Sentì una fitta al petto.

«Tesoro, l'avvocato mi ha comunicato una novità importante. C'era una telecamera lì dove Thomas ti ha aggredita, e i nastri sono già stati acquisiti e visionati. A quanto pare riusciremo a incastrarlo» disse con gli occhi pieni di gioia.

Mavis capiva quanto dovesse essere dura vedere la propria figlia dentro un riformatorio. Sorrise malinconica.

«Uscirai presto da qui, bambina mia» aggiunse la madre.

«Mi mancate» esclamò Mavis. Non sapeva se avrebbe mai avuto di nuovo la possibilità di dirlo a entrambi.

«Anche tu a noi» rispose Killian.

Mavis lo guardò. Sapeva che il suo fratellino l'avrebbe odiata per un sacco di tempo, ma sentiva anche che alla fine avrebbe capito che aveva fatto solo la cosa giusta per tutti. Scomparire.

A volte, per sistemare le cose bisogna solo scomparire.

«Aspetta.» Niall gli posò una mano sulla spalla e fece un cenno amichevole.

Jason corrugò la fronte e sorrise. «Ciao 105.»

«Niall va bene» disse ridacchiando. «Volevo ancora ringraziarti per esserti preso cura di Mavis.»

«Chiunque lo avrebbe fatto» si sminuì Jason.

Niall si guardò intorno assicurandosi che non ci fosse nessuno. «Andrò subito al punto. Io e i ragazzi abbiamo un piano per scappare. Lo faremo davvero a breve e sono qui per chiederti se vuoi unirti a noi.»

Jason fece un passo indietro, il volto sorpreso. «Cosa?!» Pensava fosse uno scherzo.

«Sì, hai capito bene, è tutto vero. Vuoi venire?»

Lui si girò e prese a camminare lentamente per la stanza.

Ne sarebbe valsa la pena? Tutto lo sforzo che avrebbe fatto per uscire da lì ne sarebbe valsa la pena?

«Io...» respirò «io non ho più nessuno a questo mondo, Niall.»

«Tutti abbiamo qualcosa per cui lottare e fuggire» rispose lui avvicinandosi.

«Non io. Davvero» lo interruppe Jason. Era serio. I suoi occhi scuri erano fissi su un punto. «Io ho distrutto tutto quello che avevo di bello, ho distrutto il mio futuro. Si chiamava Cassandra, ci eravamo conosciuti all'high school. Sai come funzionano queste cose, eravamo innamorati, e lei rimase incinta. Quando i suoi genitori la cacciarono di casa, io mi trovai un lavoro e andammo a vivere insieme. L'amavo, volevo stare con lei e il nostro bambino, volevo prendermi cura di loro.»

Niall ora capiva quella sensazione, quel bisogno di protezione verso qualcun altro. Per una persona egoista come lui era davvero strano.

«Erano tutti contrari alla nostra storia, soprattutto i suoi genitori... Le facevano molte pressioni, e lei incominciò a dubitare di tutto. Non credeva davvero che io fossi in grado di prendermi cura di loro, e purtroppo l'amore non bastava. Quello non basta mai, e a volte non serve a molto.»

«Lo so» commentò Niall. L'amore per Mavis non li avrebbe aiutati a uscire da quelle mura.

«Iniziai a bere... Una sera, Cassandra era in macchina con me... Era così spaventata, e io urlavo e vedevo tutto sfocato e la strada si muoveva troppo velocemente. Feci un incidente. Cassandra e il bambino che portava in grembo morirono. Come ho potuto distruggere una vita che non era nemmeno iniziata? Io li amavo così tanto...»

Iniziò a piangere, Niall non disse niente.

«Succede sempre così, no? In questi casi Dio ti fa sopravvivere solo perché tu possa sentirti divorare dal senso di colpa ogni dannato giorno della tua vita. Ma è giusto così, me lo sono meritato.»

«Jason, puoi rifarti una vita se vuoi» cercò di rassicurarlo Niall. In realtà non lo pensava davvero; se avesse perso Mavis non sarebbe più riuscito ad andare avanti.

«Potrei, ma il fatto è che non voglio.» Fece un piccolo sorriso fra le lacrime. «Non verrò con voi, Niall.»

48

Girl

«L'ultimo sforzo» aveva detto. «Fai quest'ultimo sforzo, e fra qualche giorno ce ne andremo. In Inghilterra, Irlanda, ovunque tu voglia.»

E Mavis stava resistendo. Teneva stretto tra le dita il tessuto del suo vestito scuro. Era la prima volta dopo mesi che indossava qualcosa che non fosse la solita tuta verde, e si sentiva un po' a disagio.

Si spostò sulla panca di legno. La stanza era piena di gente, i fotografi e i giornalisti erano rimasti fuori, fortunatamente. Continuava a guardarsi attorno, ringraziando il cielo che nessuno la stesse fissando.

«Stai bene?» Una mano le si posò sulla coscia.

«Sì, certo» rispose.

Zayn le fece un sorriso d'incoraggiamento. Anche lui aveva ottenuto il permesso di assistere all'udienza.

Mavis prese un respiro profondo quando due agenti aprirono la porta ed entrò Niall.

Lui le aveva detto di tenere duro, e Mavis ci stava provando.

Stava provando a sopportare il fatto che Niall avesse

sempre le manette ai polsi. Anche in quell'occasione. Le due guardie lo accompagnarono al centro dell'aula. Calò un silenzio generale.

Mavis lo osservò. Era strano vederlo indossare dei vestiti normali. Portava un completo scuro, i capelli biondi erano tenuti fermi da un po' di gel e il viso era perfettamente rasato. Era bellissimo.

Anche lei aveva avuto modo di sistemarsi. Si vide più carina con i capelli legati in una coda alta e un filo di trucco.

Al suo fianco, anche Zayn stava fissando Niall, e forse pensava a cosa sarebbe successo. Aveva la camicia abbottonata fino al collo e una cravatta sottile, i capelli ben pettinati e la barba rasata.

«Tutti in piedi, per favore» annunciò ad alta voce una guardia giudiziaria. «Sta per entrare il giudice Johns.»

I presenti obbedirono.

Un'anziana signora fece il suo ingresso nell'aula e andò a sistemarsi sullo scranno. Aveva un'andatura lenta e solenne.

«Seduti» disse, per poi aprire una cartellina piena di fogli. «In seguito alla richiesta di revisione presentata dall'avvocato del signor Niall Jenkins, siamo qui riuniti per rivalutare la pena detentiva stabilita tre anni fa da questo stesso tribunale a carico del suddetto imputato.»

Mavis riuscì a vedere l'avvocato di Niall; era un uomo sulla cinquantina. Di fianco a lui sedeva una giovane donna con i capelli scuri che Mavis ricordò aver già visto una volta nei corridoi del riformatorio. Niall era seduto in mezzo a loro.

«Chiamiamo a testimoniare la signorina Anne Dallas.»

Nell'aula entrò una ragazza dai lunghissimi capelli neri.

Mavis sapeva chi fosse, e quando Anne iniziò a raccontare ciò che Niall le aveva fatto, semplicemente non ascoltò più.

Mavis guardò Niall, teneva la testa abbassata mentre Anne rispondeva alle ultime domande del giudice. Ascoltando quel racconto che già conosceva, le sembrava che fosse tutto uno scherzo. Il Niall che lei conosceva non avrebbe mai fatto del male a una mosca, ma evidentemente allora era un'altra persona.

Per quanto Mavis non avesse mai creduto nei cambiamenti radicali delle persone, la storia di Niall era la prova lampante che doveva ricredersi: le persone potevano cambiare eccome.

Riportò per un secondo l'interesse alla deposizione di Anne.

«Una corda, Vostro onore» stava dicendo in quel momento. «Ha usato una corda per legarmi.»

Mavis distolse subito lo sguardo, e notò gli occhi di Niall.

Lui la stava fissando, sembrava implorare il suo perdono.

Zayn, al fianco di Mavis, le stava accarezzando un braccio. «È quasi finita» la rassicurò.

Lei corrugò la fronte e pensò che fosse tutto sbagliato. Era ad Anne che Niall avrebbe dovuto rivolgere quello sguardo implorante. A Mavis lui non aveva fatto alcun male, non l'aveva mai fatta soffrire.

Quando Anne finì di parlare e l'avvocato di Niall prese la parola, Mavis si alzò di scatto. «Vado in bagno» sussurrò a Zayn. Quest'ultimo annuì e lasciò la presa sul suo braccio.

Mavis spinse la pesante porta di legno e uscì dall'aula. Una volta fuori, respirò a pieni polmoni un po' di aria pulita. L'aula che aveva appena lasciato era piena di ricordi ed emozioni dolorosi di cui lei non aveva fatto parte, ma che ora le appartenevano lo stesso, perché riguardavano Niall.

Seguì la freccia che indicava i servizi. Entrò, e si rinfrescò il volto.

Guardandosi allo specchio, pensò a come sarebbe stato vivere in Inghilterra con Niall. Si immaginò tornare a casa dal lavoro e abbracciare Niall nella loro calda dimora, magari riempita dal pianto di un bambino. Avrebbe tanto voluto avere dei figli.

Lui ne voleva? Gli piacevano?

Pensò a tutto quello che poteva essere necessario per ricominciare una vita loro due da soli, e sentì montare l'ansia quando realizzò che non avevano soldi...

A un tratto la porta del bagno si aprì, e una ragazza dai lunghi capelli neri la guardò attraverso lo specchio.

Mavis la riconobbe all'istante, e le si ghiacciò il sangue nelle vene.

«Ciao» disse la ragazza sorridendo. «Ti ho vista nell'aula. Io sono Anne.»

49

Balance

«Mavis» sussurrò presentandosi.

La ragazza dai capelli neri aggrottò le sopracciglia e subito dopo spalancò gli occhi, sorpresa.

«Mavis! Certo! La dottoressa Jessica Dirtreck mi ha parlato di te» commentò.

Sembrava tranquilla e serena.

Tutto il contrario di Mavis, che chiese sospettosa: «Ti ha parlato di me?»

Anne annuì, mentre lanciava il pezzo di carta con cui si era asciugata le mani nel cestino sotto il lavandino. «Ha parlato dello psichiatra di Niall e anche di te» affermò sicura.

Mavis notò che nella sua voce non c'era né disprezzo né dolore quando pronunciava il nome di Niall, e non capiva il perché.

«Oh» sussurrò solo.

Abbassò lo sguardo, ma subito dopo Anne prese di nuovo la parola.

«Tu sei nel suo stesso riformatorio, vero?»

Mavis si grattò un braccio nervosa. «Sì.»

«State tipo insieme?» chiese ancora. «Sono felice che Niall abbia qualcuno vicino a sé.»

Mavis rimase interdetta per l'ultima frase: Niall non aveva bisogno di nessuno.

«Ce la fa anche da solo» rispose. Si passò una mano tra i capelli biondi e arrossì leggermente per il tono duro con cui aveva parlato.

«Non lo so,» commentò Anne «ho sempre pensato che le persone come lui non dovrebbero essere lasciate da sole. Perché se restano da sole iniziano a pensare, e se pensano troppo, rischiano di perdere il proprio equilibrio e di fare del male a sé stessi e agli altri.»

Mavis continuò a fissare la ragazza attraverso lo specchio. La descrizione che lei aveva fatto non le ricordava Niall, ma Zayn... Mavis aveva sempre paura che un giorno non lo avrebbe più trovato a mensa o nella sua stanza. Si sentiva in colpa ogni volta che lo lasciava da solo.

«In ogni caso, spero che questo processo si concluda nei migliori dei modi per Niall» mormorò Anne.

Mavis la guardò ammirata, poi pensò che fosse pazza. «Come fai?» chiese infine.

«A fare cosa?»

«Dopo tutto quello che ti ha fatto, come fai a parlare in questo modo di Niall? A preoccuparti per lui?» Davvero non riusciva a capire. Lei non avrebbe mai detto quelle cose di Thomas.

Con i piedi incrociati tra loro e i fianchi appoggiati al bordo del lavello di ceramica, Anne fece ondeggiare il suo corpo magro. «Credo di aver visto solo una parte di lui, la parte malata, ma di non conoscerlo veramente. Può sembrare assurdo, ma lui credeva di essere innamorato di me. Ovviamente non aveva neanche idea di cosa fosse l'amore, forse perché non ne aveva mai ricevuto.

Mi ha fatto del male, e per questo è giusto che paghi. Ma so anche che nei suoi occhi non ho mai letto cattiveria o odio, piuttosto disperazione, solitudine, angoscia. E spero che il giudice decida per il meglio, perché sono sicura che Niall, curato nel modo giusto, possa diventare una persona migliore e condurre una vita normale. La finalità della pena dovrebbe essere questa, non trovi?» sospirò. «Io l'ho perdonato per quello che mi ha fatto, e sono felice che sia riuscito a trovare una persona a cui legarsi.»

«E secondo te questa persona sarei io.»

«Tutti ci dobbiamo legare a qualcosa, trovare motivi e ragioni per andare avanti. Quindi sì, credo che lui si stia concedendo un'altra possibilità grazie a te. A volte ho temuto che potesse compiere qualche gesto estremo...»

«Non lo avrebbe mai fatto.» Non era stupido, pensò Mavis. Niall non aveva mai dato così poco valore alla vita.

«Forse, ma prima o poi si sarebbe reso conto del danno e del dolore che ha causato e, da solo e senza prospettive, non so se sarebbe mai riuscito a sostenerlo. Non tutti ce la fanno.»

Mavis non seppe cosa rispondere. Anne parlava di Niall come di una persona debole, fragile. Cosa che ai suoi occhi si era mostrato poche volte.

E se Niall non si concedesse la possibilità di mostrarsi debole?, si chiese. Magari lui si comportava così per tenere insieme tutto e tutti. Per non far crollare i suoi amici. Magari lo faceva per lei, per darle più speranza.

«Ora devo andare, mi staranno cercando» disse Anne. «Prenditi cura di Niall, ha più bisogno lui di te che tu di lui. Anche se non lo dà a vedere.» Fece un piccolo sorriso che Mavis ricambiò e uscì dal bagno.

Mavis si sistemò il vestito nero e si contorse le dita mentre camminava per il corridoio affollato. L'udienza era finita, e in quel momento tutte le persone si erano riversate fuori.

Vide Jessica e Niall che stavano discutendo. La donna parlava agitando le mani, mentre lui di tanto in tanto annuiva e interveniva con qualche breve battuta.

Mavis si avvicinò e riuscì solo a sentire una frase di Jessica: «Direi che possiamo essere ottimisti.»

Niall notò Mavis, le sorrise e le strinse la vita. «Lei è Jessica, collabora con il mio avvocato» disse presentandole la stagista, che la salutò educatamente prima di avvicinarsi a Zayn.

Quando rimasero soli, Niall rilassò i muscoli e finalmente prese un respiro profondo. Portò una mano al nodo della cravatta e lo allentò, mentre Mavis gli passava le mani sul petto coperto dalla camicia bianca.

Lui rimase fermo a guardarla e dopo un po' disse: «Sei bellissima.» E lo pensava davvero: senza la tuta verde, Mavis sembrava più grande e più alta.

«Grazie.» Arrossì lei. «Anche tu.»

Niall ridacchiò e le stampò un tenero bacio sulle labbra.

«Ora cosa faremo?» chiese lei.

«Torneremo all'istituto, e dopodomani scappiamo. Possiamo iniziare il conto alla rovescia.»

Mavis annuì e si strinse forte a lui. Sentiva una sensazione strana, come se gli stesse scivolando via tra le dita.

Non lo avrebbe mai lasciato.

50

Future

Margaret si portò le mani allo stomaco e si schiarì la gola, facendo cadere gli occhi di Marcus e dell'altro uomo su di sé. Si stirò il tessuto della gonna prima di alzare il viso. «Mavis è stabile» disse con voce sicura. «Lo confermano il suo psicologo e i suoi. Non è più malata.»

L'uomo in piedi in mezzo alla stanza alzò le mani al cielo come se avesse assistito a una rivelazione, poi guardò Marcus. «Visto? La signorina Holmes è perfettamente in grado di testimoniare a favore del signor Jenkins» disse.

Marcus continuava a muovere la scarpa elegantemente lucidata contro il pavimento, come segno di nervosismo. Si posò le dita sulle labbra e chiuse leggermente gli occhi. Era seduto sulla sua poltrona e metà del corpo era coperto dalla grande scrivania di mogano. «Ha sofferto di alessitimia per tanti anni, e adesso si è messa a urlare 'ti amo' a ogni persona che incontra? Non prendetemi in giro» borbottò.

Margaret aprì la bocca scioccata, corrugò la fronte e incrociò le braccia al petto. «L'alessitimia non è un deficit permanente, non in tutti i casi almeno. Spesso è causato da un trauma, come per esempio un lutto. La signorina Holmes deve aver mostrato i primi sintomi del disturbo dopo la morte del padre. Ma evidentemente gli eventi degli ultimi mesi e, non lo escludo, il particolare rapporto instaurato con il signor Jenkins, devono aver accelerato la sua guarigione. Non sarebbe per niente strano. Lo psicologo che la segue mi ha assicurato che, in questo momento, dal punto di vista emotivo si può ritenere stabile.» Finito di parlare, scosse la testa, facendo dondolare il caschetto biondo. Non le piaceva il modo in cui Marcus commentava senza sapere le cose.

«Lei sa della propria patologia?» domandò Marcus dopo un po' di secondi. Fece un mezzo giro sulla poltrona prima di ritornare a guardare le due persone nel suo ufficio. Le lampade a neon gli davano fastidio agli occhi chiari.

Un leggero strato di silenzio e tensione avvolse i tre.

«Avvocato Hitt, risponda alla mia domanda, per cortesia» lo incitò Marcus guardando il legale di Niall mordersi il labbro inferiore.

«No, direttore, Mavis non è a conoscenza del suo disturbo» mormorò.

«Non ha importanza! È assolutamente normale che chi soffre di alessitimia non ne sia consapevole» si intromise Margaret.

«Voglio che la signorina Holmes ne sia informata al più presto» ordinò Marcus, non dando retta alla donna che stava per urlare dal nervosismo.

Lei tese le mani lungo i fianchi mentre l'avvocato annuì impercettibilmente. «Si può sapere cosa vuole? È come se volesse portare al limite questi ragazzi solo per poterli osservare mentre si distruggono» sbottò.

Marcus trattenne un sorriso, si alzò dalla sedia e iniziò

a giocherellare con una penna. «Le ricordo, Margaret, che il signor Jenkins ha rapito e seviziato una ragazza.»

«Ma non tocca a lei fare giustizia, tocca alla legge» ribatté lei a denti stretti.

Marcus sorrise ancora prima di rivolgersi direttamente all'avvocato Hitt. «Voglio che Mavis sia informata.»

«Sarà fatto, ma dopo riapriremo il caso, e la signorina Holmes sarà chiamata a testimoniare» replicò lui.

«Okay» si limitò a rispondere Marcus facendo di nuovo il giro della scrivania. «Scommetto che è stata un'idea di miss Dirtreck, quella di riportare a galla tutta questa storia, vero?»

Hitt annuì.

Marcus scosse la testa. «Lo sapevo che quella ragazza avrebbe portato solo guai.»

«Harry si occuperà della disattivazione dell'allarme mentre Liam sarà il primo a uscire e farà da palo. Perrie sarà già fuori ad aspettarci e dopo verremo a prenderti. Hai capito, Mavis?»

Lei annuì, rilassandosi quando sentì una mano stringerle un ginocchio.

Niall, seduto accanto a lei, guardava come i suoi occhi chiari e profondi sembrassero più scuri a causa delle strane ombre che la piccola lampadina penzolante creava sul suo volto.

Ormai tutti quanti si erano abituati allo spazio ristretto dello stanzino.

«E dopo, cosa faremo?» chiese Harry. Era appoggiato contro lo scaffale degli asciugamani e si stava toccando i ricci che gli erano cresciuti a dismisura.

«Era di questo che volevo parlarvi» intervenne Zayn. Prese la matita che portava sempre dietro un orecchio e scrisse qualcosa su un foglio, cercando di tenerlo fermo sulla propria gamba. «Abbandoneremo la macchina nella periferia di Baltimora, ci saluteremo e ognuno prenderà la sua strada. Se ci separiamo, sarà più facile far perdere le nostre tracce.» Alzò lo sguardo verso gli altri, in attesa.

«Per noi va bene» rispose subito Niall, la stretta su Mavis sempre più forte.

Anche gli altri si dissero d'accordo

«Voi cosa pensate di fare fuori di qui?» chiese Zayn a Niall e Mavis.

«Andremo in Irlanda» rispose lei.

«Io e Francesca andremo in Canada.» Liam divenne teso; la ragazza seduta sulle sue gambe cercava di farlo calmare. Erano tutti ansiosi di andare via e costruirsi un futuro.

«Okay» mormorò Zayn. Alzò la testa su Harry e Louis. «E voi?»

«Io andrò al matrimonio di mia sorella e il giorno dopo partirò, non so ancora per dove» rispose il primo.

«Io voglio tornare dalle mie sorelle, almeno per spiegare il perché me ne devo andare» disse Louis. Continuava a toccarsi i capelli.

Mavis li guardò, pensando che quella sarebbe stata l'ultima sera che avrebbero trascorso tutti insieme. Chinò la testa e l'appoggiò sulla spalla di Niall.

«Ci siamo principessa, ci siamo» sospirò lui.

Lei sentì il suo tono basso e alzò la testa corrugando le sopracciglia. «Cosa c'è che non va?» gli chiese dolcemente. Portò una mano contro la guancia di Niall e iniziò ad accarezzargli lo zigomo leggermente ruvido.

Lui scosse la testa, facendo ricadere i capelli biondi sul viso. «Ho solo paura che qualcuno si faccia male. È l'ultima cosa che voglio» ammise.

Mavis venne distratta dalla voce acuta di Zayn che

guardava Louis sconvolto dicendo: «Hai davvero così tante sorelle? Cazzo!»

«Almeno so che tu sarai al sicuro, lontana da qui» continuò Niall.

Mavis abbassò lo sguardo. Non voleva lasciarli da soli nella loro fuga, ma non voleva neanche far preoccupare Niall più di troppo. Capiva che era giusto così.

«Ricordati quello che mi avevi promesso.»

«Cosa?»

Niall la fissò, lo sguardo perso in quello di lei. «Che scapperai anche senza di noi, anche senza di me.»

51

Bye

Mavis

Tutto quello che vedevo era Niall, da tre mesi era il mio pensiero fisso. Non vedevo il mondo intorno a me che continuava a girare. Era come se io e lui fossimo nel mezzo, come se fossimo immuni al tempo. Niall e io eravamo il mondo.

Lo guardavo, mentre aveva la schiena appoggiata al muro del corridoio del secondo piano, un sorriso sghembo gli illuminava il viso. Era bellissimo, l'avevo sempre pensato. Ed era bello anche nei momenti peggiori. Era bello quando piangeva, quando urlava, quando si contorceva dal dolore. Era bello quando mi guardava, quando cercava di non farmi pensare.

Mi faceva arrabbiare perché le persone come lui mostravano la propria bellezza come se non fosse importante. Lui neanche lo sapeva di essere bello, lo era e basta. Ed era mio, anche se da poco, lo era.

Mosse le mani in avanti e iniziò a gesticolare mentre parlava con Liam, socchiuse gli occhi e si lasciò sfuggire una risata che mi fece venire la pelle d'oca. L'avevo visto così poche volte sorridere.

Noi ci sentivamo bene quando piangevamo l'uno davanti all'altra. Quando ci baciavamo per resistere un minuto, o una giornata di più.

Per noi ridere non era mai stato importante come resistere. Stavamo insieme per sopravvivere, ci reggevamo l'un l'altra per evitare di farci male nel cadere.

E per quanto potesse essere strano per me, io lo amavo. E lui amava me.

Se il mio psicologo mi avesse chiesto cos'era l'amore, non sarei riuscita a spiegarlo descrivendo stati d'animo o sensazioni.

Per me l'amore era Niall, era il suo modo di camminare, i suoi capelli biondi che ricadevano sulla fronte, i suoi occhi stanchi.

«Ci vediamo domani, dolcezza.»

Spostai lo sguardo su Louis e gli sorrisi. Lui si avvicinò e mi strinse in un veloce abbraccio.

«A domani» risposi.

Louis mi fece un cenno e si spostò verso Liam e Niall.

Strinsi tra le braccia Francesca, che sorrise timidamente.

«Spero che vada tutto bene» sussurrò.

La abbracciai più forte, non desideravo altro. «Manca così poco» la rassicurai. «Patrick sa che stai scappando?» chiesi corrugando la fronte.

Non aveva più parlato di lui, e io non le avevo più chiesto niente.

Scosse la testa, facendo dondolare le ciocche scure del caschetto non curato. «Non voglio che mi trovi, io e Liam ricominceremo da capo.»

Le sorrisi ancora, dandole un bacio sulla guancia.

Mi girai e osservai Niall. In quel momento avrei voluto essere da sola con lui, passare quelle poche ore insieme, perché sinceramente non sapevo cosa sarebbe successo dopo.

Lui mi guardò per qualche istante, poi riportò l'attenzione sui due ragazzi davanti a lui.

Abbassai lo sguardo. Un profumo familiare mi rassicurò, e dopo poco vidi le scarpe di Zayn entrare nella mia visuale. Si fermò davanti a me, in silenzio. Potevo sentire la sua agitazione nei muscoli e nelle ossa.

«Tieni» disse gentilmente. Alzai il viso e vidi la ciotolina che mi porse. «Niall sa quanto ne devi prendere» mi spiegò.

Annuii distrattamente. Zayn era sempre stato più alto di me, i capelli neri gli marcavano gli zigomi ambrati. Anche lui era bello, ma quella bellezza non l'avrei mai potuta toccare.

Zayn aveva bisogno di qualcuno che lo rassicurasse, e come potevo farlo io? Io che ero la prima a dover essere protetta?

Gli misi una mano sulla spalla e lui alzò un angolo della bocca, troppo stanco anche per fingere di sorridere. Feci attenzione nello spostare la mano verso il suo collo. Avevo paura di toccarlo, come se avesse potuto rompersi tra le mie dita.

«Sono felice che tutto questo stia per finire» commentò sollevato.

'Non è ancora finita' avrei voluto aggiungere. Ma lui non aveva bisogno dei miei dubbi. Gli accarezzai il braccio, invece, e osservai le punte dei suoi tatuaggi scuri sbucare fuori dal colletto della tuta verde.

Mi guardò con i suoi occhi leggermente allungati. «Grazie» mormorò.

Non capii. «Per cosa?»

Lui fece un passo indietro ma subito dopo tornò vicino a me, appoggiandosi al muro con una spalla. Le luci al neon gli illuminavano il viso concentrato.

«Per avermi spinto a credere di potercela fare. Mi ero dimenticato del mondo al di fuori di questo istituto.»

«Anche io» confessai. Mi morsi il labbro e passammo dei minuti senza dire niente, in sottofondo le voci dei ragazzi ci tenevano compagnia.

«Jason non viene?» mi chiese dopo un po'.

«No.» Niall me l'aveva detto qualche giorno prima. «Non vuole venire.»

Zayn annuì senza chiedere spiegazioni, e forse era meglio così, non avrei voluto dirgli che Jason non sarebbe venuto perché non aveva niente in quel mondo per cui valesse la pena rischiare.

«E tu? Dopo cosa farai?» domandai.

«Partiremo per qualche destinazione lontana, ovunque Perrie voglia andare. Dopo averla fatta aspettare così tanto tempo, di certo non mi metterò a fare lo schizzinoso sul posto che sceglierà.» Ridacchiò.

Risi anche io e mi voltai verso i ragazzi.

Era strano come fossimo tutti così tranquilli, come la quiete prima di un tuono. Prima della fine.

Avrei voluto conoscerli meglio, scoprire cosa si nascondeva dietro gli occhi verdi di Harry o sotto la pelle marchiata di simboli di Louis. Sapere i nomi dei loro parenti, ascoltare le loro avventure e sventure. Avrei voluto essere loro amica in una realtà normale, perché lì dentro non avevo avuto la possibilità di conoscerli davvero. Per me erano dei nomi e delle persone che scappavano per ritornare sulle loro strade. Per me, Harry, Liam, Francesca, Louis e Zayn sarebbero sempre rimasti persone a cui avrei voluto legarmi, ma che non potevo più incontrare.

Zayn si chiuse la porta della sua stanza alle spalle

dopo avermi sorriso per l'ultima volta. Il tonfo sordo risultò ovattato dall'agitazione. Lui era diventato mio amico, la sua sofferenza aveva plasmato il mio desiderio di evadere. Un po' perché, nel profondo, non volevo diventare come lui. Non volevo perdere la testa e cadere così in basso.

Mi iniziarono a sudare le mani, il giorno dopo avrei anche potuto non rivedere Zayn. Era una possibilità... L'altra, più ottimista, prevedeva un nostro incontro fuori dall'ospedale. Ma la prima iniziò a martellarmi la mente, sentivo già i ricordi che avevo di lui sbiadirsi. Non mi ricordavo più il modo in cui si passava le mani tra i capelli, o come sorrideva. Andai nel panico.

«Mavis, andiamo?»

Mi girai verso Niall, rilassandomi al suono della sua voce. Annuii e mi avvicinai a lui per appoggiargli la testa sul petto. Lui mi circondò le spalle con un braccio e iniziammo a camminare.

La sera stava calando e stavano tutti tornando nelle proprie stanze. Non avrei mai più preso parte a una terapia di gruppo o a una seduta con lo psicologo. Non avrei mai più rivisto Margaret o Marcus. Sospirai di sollievo ed entrai nella stanza numero 105.

Mi ritrovai sdraiata sul piccolo letto senza neanche accorgermene.

Niall era steso al mio fianco e mi accarezzava i capelli. «A cosa stai pensando?» mi domandò, la sua voce roca mi solleticò il collo e la guancia.

Rabbrividii. «Sto pregando che tutto vada per il verso giusto, Niall.» Il tono mi uscì leggermente duro.

Ero solo in ansia. Quella avrebbe potuto essere la mia ultima conversazione con il ragazzo che amavo. E, sinceramente, avrei solo voluto baciarlo per tutta la sera e dirgli quando contasse per me.

«Riuscirai a scappare» mi disse.

Mi alzai sui gomiti e lo guardai infuriata. «Non me ne frega un cazzo se riesco a scappare, *tu* devi riuscirci» urlai quasi.

Il suo sguardo non vacillò. Mi toccò il fianco e mi fece di nuovo stendere. «Lo sai che il nostro piano potrebbe anche fallire» iniziò.

«Niall, ti prego.»

«Stai zitta e ascoltami» mi interruppe. «Tu mi hai promesso che saresti scappata anche senza di noi, e mi fido di te. Io farò di tutto per raggiungerti, perché ti amo, ma se mi feriranno o mi rinchiuderanno non potrò farci niente.»

Era calmo mentre parlava, io invece stavo scoppiando.

«Mi stai dicendo addio?» Iniziai a piangere, distrutta al pensiero di separarmi da lui.

Scosse la testa. «Non ti dirò mai addio, e sei una stupida se stai pensando il contrario» mi sgridò.

Io mi morsi il labbro inferiore con forza, mi sentivo una bambina. Mi avvinghiai al suo corpo, sprofondai il viso sulla felpa arancione e inalai il suo profumo mentre con le dita stringevo la stoffa. Avevo la sensazione che mi stesse lasciando.

«Non lasciarmi, ti prego, Niall.» Piansi ancora. «Non lasciarmi sola, io non voglio tornare là fuori senza di te.»

«Non sarai da sola, io sarò con te» mi rassicurò.

E io gli credetti.

Mi alzò il mento con le dita tremanti e iniziò a baciarmi. Cercai di ricordare tutti i particolari, il modo in cui il suo corpo si tendeva contro il mio e le sue labbra mi bramavano.

Passammo minuti, forse ore così, a baciarci e a cercare di non crollare.

Dopo, Niall si sporse oltre il letto e con un braccio tastò il pavimento sotto di esso. Ritornò ad abbracciarmi, tenendo le pillole in una mano.

«È ora» si limitò a dire.

Si mise seduto e io lo guardai dal basso. Prese una decina di pastiglie e me le avvicinò al viso.

«Dopo ti porterò nella tua stanza» mi spiegò.

«Fa male?» Non sapevo perché lo stessi chiedendo, forse volevo solo essere rassicurata.

«Come addormentarsi.» Fece un piccolo sorriso.

Mi sedetti di fronte a lui, il lenzuolo era stropicciato sotto le mie gambe.

«Lo sai che eviterei tutto questo se non fosse l'unico modo per tenerti al sicuro, vero?» domandò. Mi prese il viso tra le mani.

Annuii.

«Ti amo, principessa.»

«Ti amo anch'io» risposi, iniziando a tremare.

Senza pensarci troppo mi misi le pillole in bocca. Lui mi diede un bacio veloce, ricordandomi la prima volta che avevo appoggiato le labbra contro le sue. Il sapore amaro delle compresse mi provocò una smorfia.

Niall mi porse la bottiglia d'acqua. La portai alle labbra e il sapore dolciastro cancellò del tutto quello delle sue labbra, l'unico che avrei voluto ricordare.

Buttai giù tutto e dopo qualche sorso lui mi tolse la bottiglietta dalle mani.

Lo guardai immobile, poi la stanza cominciò a girare. Un senso di spossatezza mi costrinse a chiudere gli occhi.

«Ci vediamo più tardi» lo sentii sussurrare.

Cercai di guardarlo, la sua figura era sbiadita e poco chiara. Pensai che fosse bello lo stesso.

52

Hospital

Mavis

Pensai a lungo se aprire gli occhi o rimanere così altri minuti. A un tratto iniziai a sentire un formicolio alle dita dei piedi e un leggero fastidio alla piega del gomito.

«Si sta svegliando?»

Riconobbi la voce di Jessica. Perché era lì? E io dov'ero? Sentii il rumore di una sedia che veniva spostata. Cercai di muovermi, ma il mio corpo era ancora intorpidito.

«Credo di sì» rispose un ragazzo. Quella voce non la conoscevo.

Strofinai la testa contro il cuscino. Era da mesi che non dormivo così bene. Il materasso era morbido, le coperte calde e confortanti.

Avrei voluto rimanere lì per anni, ma improvvisamente un senso di nausea mi attanagliò la bocca dello stomaco.

Niall...

Iniziai ad agitarmi. Perché non era con me?

Spalancai gli occhi, ma me ne pentii subito: la fredda

luce a neon accesa sopra di me mi fece strizzare le palpebre. Mi portai un braccio sopra il viso e aspettai. Avevo così tanto sonno.

«Mavis?» mi chiamò Jessica.

Mi alzai a sedere lentamente e mi strofinai il collo. «Sì?» gemetti. Sentivo uno strano mal di pancia.

«Ti ricordi cos'è successo?» mi chiese.

Si sedette sul bordo del letto e si ravviò i capelli scuri su una spalla sola. Il ragazzo che avevo sentito parlare si mise dietro di lei e le appoggiò una mano sulla schiena. Era alto e con i capelli dorati. Entrambi indossavano abiti eleganti.

«Mi ricordo solo che ho preso le pillole del giorno e poi sono andata a dormire» mentii.

Lei abbassò lo sguardo sulla mano che aveva appoggiato vicino alla mia gamba. «I medici hanno detto che probabilmente non eri abituata a quella quantità di medicine e quindi hai quasi rischiato di andare in overdose. Niall ti ha trovato nella tua stanza. Era preoccupato perché non riusciva a svegliarti e ti ha portato in infermeria» spiegò. «I medici ti hanno fatto una lavanda gastrica, più tardi faranno altri accertamenti.»

Io mi tirai più su la coperta e osservai la semplice camera d'ospedale in cui ero stata portata.

«Lui sta bene?» domandai.

«Sì, ora Kyle comunicherà al direttore che ti sei svegliata. Sicuramente lo riferiranno anche a Niall.» Fece un piccolo sorriso al ragazzo che subito uscì dalla stanza.

Jessica si alzò dal letto e fece qualche passo verso una sedia posta in un angolo.

«Kyle è il tuo fidanzato?» le chiesi.

Lei sorrise e annuì.

Feci lo stesso e la fissai. Aveva un'aria seria e un cipiglio sul viso.

«Volevo parlarti di una cosa» incominciò.

Io fremetti da sotto le coperte. «Dimmi.»

«Quello che ti lega a Niall è molto forte, vero?»

«Abbastanza.» Cercai di ridacchiare. Qualunque fosse la cosa che ci legava, in quel momento stava facendo molta fatica a tenerci insieme. L'ansia che sentivo era palpabile.

«Volevo dirti che, dopo un incontro con i vostri terapeuti, siamo arrivati alla conclusione che questo sentimento che provi per Niall ti ha aiutata a superare il tuo disturbo.»

«Disturbo?» Cosa mi stava dicendo? E perché lo stava facendo proprio in quel momento?

«Sì, non ne sei a conoscenza ma è perfettamente normale per chi soffre di alessitimia.»

Cosa?

«Cosa cazzo stai dicendo? Io non sono malata» iniziai a difendermi, stringendo le coperte tra le dita.

«Non è una malattia, è un disturbo. Chi soffre di alessitimia ha difficoltà a riconoscere e a esprimere i propri sentimenti. Ti è mai capitato?» Jessica parlò velocemente.

Mi irrigidii. Perché la gente sapeva più cose sul mio conto che io stessa? Avrei voluto piangere, perché sì, mi era capitato tantissime volte di sentire la sgradevole sensazione di non capire cosa stesse succedendo dentro di me.

«E hai notato che in questo periodo è più facile per te riconoscere quello che stai provando?» continuò. Le sue labbra rosse mi trasmettevano serenità.

Annuii. Sapevo già il perché. «Niall mi ha aiutata a guarire.» Senza neanche sapere che ero malata, pensai.

«Infatti.» Sorrise. «Per questo vogliamo che tu venga a testimoniare a favore di Niall. Il suo caso è stato riaperto. Sono ottimista, Mavis. Credo che riusciremo a ottenere una riduzione della pena e a evitare che venga trasferito in un carcere.» Mi strinse le mani e me le strofinò emozionata. «Non sei felice?» mi spronò ridacchiando.

Avrei voluto dirle che sì, ero felice, ma che stava sprecando il suo tempo. Lei si era battuta per Niall, perché aveva creduto nel suo cambiamento, ma noi saremmo partiti da lì a poche ore. Avrei voluto dirle che molto probabilmente quella sarebbe stata l'ultima volta che ci vedevamo, ma non potevo farlo. Cercai di imprimere anche lei nei miei ricordi. Il suo sorriso e i suoi capelli mossi.

«Sì, lo sono, Jessica, e ti ringrazio» risposi sinceramente.

Lei annuì soddisfatta, si alzò dalla sedia e si avvicinò alla porta.

«Okay, ora riposati. Domani mattina passo a trovarti prima che ti riportino al riformatorio» mi disse.

«Grazie ancora, Jessica, davvero. Spero che la vita ti riservi il meglio.» Volevo farle sapere che un mio pensiero sarebbe sempre stato rivolto a lei.

Lei mi guardò confusa. Dopo qualche secondo scosse le spalle e mi sorrise un'ultima volta prima di andarsene. Un'altra persona a cui stavo dicendo un silenzioso addio.

Osservai l'ago infilato nel mio braccio e i piccoli fili che collegavano il mio torace a un macchinario. Un rumore ritmico e continuo mi trapassava i timpani. Era come se fossi in apnea e stessi solo aspettando il momento giusto per uscire e respirare.

Spostai lo sguardo sull'orologio. Alle 21 il reparto avrebbe chiuso e sarebbero rimaste solo alcune infermiere. Su quello Zayn mi aveva informato bene.

L'appuntamento con il mio futuro era alle 22, e Niall mi aveva fatto promettere che li avrei aspettati al massimo fino alle 22:05. Sperai che quei cinque minuti passassero lenti come anni. Una paura improvvisa mi colpì, facendomi irrigidire i muscoli. Chissà cosa stavano facendo in quel momento Niall e gli altri. Chissà se Francesca avrebbe pianto e Liam l'avrebbe consolata. Chissà se Niall avrebbe pensato a me, ai nostri baci e alle nostre lacrime.

Io lo avrei fatto, lo stavo facendo anche in quel momento.

Qualche minuto dopo, un'infermiera entrò a portarmi la cena; si mise a parlarmi del tempo e di come in quella stagione facesse così freddo. Io risposi che quell'inverno era davvero troppo rigido. Mi raccontò di suo figlio che, nonostante le basse temperature, non metteva mai il giaccone. Ridacchiai. Sembrava tutto così normale.

Quella normalità non l'avrei mai provata.

53

Aching

Mavis

Pensavo di aver già sofferto in passato, ma niente e nessuno mi aveva mai lasciato un vuoto così grande. Il pensiero di non vedere più Niall mi faceva stare troppo male, e non sapevo se altre persone avessero mai provato un dolore così intenso.

Quella sensazione di precipitare verso il basso, di tremare, di non riuscire a respirare, la consapevolezza che senza i suoi baci avrei avuto bisogno dei punti di sutura per rimettere insieme i pezzetti rotti del mio corpo andato in frantumi.

Senza di lui sarei stata la metà di qualcosa. Una metà non è niente, appunto perché è incompleta. E io ero stata incompleta per troppo tempo, e adesso che avevo trovato la mia integrità non volevo più tornare indietro.

Sapevo che c'era una possibilità che io e lui non ci saremmo più rivisti, ma non ero ancora pronta ad accettarla.

Mi passai una mano sulla fronte per mandare via le

immagini di quello che non avrei voluto succedesse e appoggiai i piedi nudi sul pavimento.

Un brivido di freddo mi attraversò la schiena, ma lo ignorai. Mi sfilai lentamente l'ago dalla vena, cercando di non far uscire troppo sangue. Esaminai le ventose attaccate al petto e subito dopo spostai lo sguardo sul monitor accanto a me.

Se avessi staccato le ventose, il macchinario avrebbe emesso un suono secco e mandato un segnale alle infermiere di turno. Lo sapevo bene, ero stata negli ospedali di tutto il Maryland per il secondo marito di mia madre, il papà di Killian, morto dopo una lunga malattia. Quando il suo cuore si era fermato, il macchinario aveva emesso un fischio continuo, che aveva subito attirato l'attenzione delle infermiere.

Respirai, convincendo me stessa che le avrei tolte per ultime, così da avere un leggero vantaggio per uscire dal reparto.

Appoggiai le mani sul bordo del letto e mi tirai su in piedi. Ero leggermente indolenzita, ma riuscii a fare qualche passo. Mi allungai sulla sedia per prendere la pila di vestiti che Jessica aveva lasciato per me.

Ero quasi sorpresa. Da mesi non indossavo altro che tute verdi, e in quel momento ero stranita nel vedere una felpa e un paio di jeans. Mi infilai i pantaloni scuri con facilità, ci misi di più a indossare la maglia perché i fili mi causarono qualche problema.

Notai che sotto la sedia Jessica aveva lasciato delle scarpe da ginnastica. Me le allacciai strette e subito dopo mi tirai su. Fissai l'orologio, mancavano venti minuti alle 22.

Cercai di respirare il più possibile, visto che probabilmente dopo avrei avuto difficoltà a farlo. Riempii bene i polmoni. Mia madre mi diceva sempre che, per funzionare, il cervello aveva bisogno di ossigeno. Mi aggrappai al suo ricordo come se fosse un'àncora di salvezza. Cercai di imprimere il più possibile nella mia mente i ricordi della mia famiglia: mio padre, la voce di mia madre, il viso di Killian. Cercai di pensarci il più possibile, ma sapevo che presto i ricordi sarebbero sbiaditi; la mia mente aveva sempre avuto quel difetto, riusciva a ricordare date e dettagli minuziosi e privi di interesse, ma non le persone.

Scrollai la testa e alzai lo sguardo sulle lancette dell'orologio. Ancora pochi minuti e avrei scoperto il mio destino.

Presi ancora un respiro, staccai con forza le ventose circolari e uscii velocemente dalla piccola stanza. Mi ritrovai in una lunga corsia. Le luci erano spente, il reparto era chiuso da quasi un'ora ma le infermiere sarebbero arrivate in fretta.

Iniziai a correre, ignorando il rumore delle persone che stavano accorrendo dall'altra estremità del corridoio.

Sentii un «Fermati!» appena chiusi la porta del reparto.

Mi guardai intorno, afferrai un carrello per le pulizie e lo incastrai sotto la maniglia.

Corsi giù per le scale evitando i corridoi principali. Sentii dei passi avvicinarsi.

«Sta scappando!» urlò un uomo.

Corsi più veloce, i polmoni mi stavano bruciando. Strinsi gli occhi, la vista iniziò ad appannarsi. Andavo a destra e a sinistra cercando di non inciampare nelle sedie della sale d'aspetto. Uomini e donne continuavano a urlare. Urlavano il mio nome, avrei voluto tapparmi le orecchie.

«*Mavis!*» urlò.

«Basta!» mi disperai.

«*Mavis! Ascoltami.*» La voce era più bassa, sembrava

venire dal mio fianco destro. Sentirla mi fece mancare ancora di più il fiato. Perché la mia mente mi faceva certi scherzi?

Girai appena lo sguardo. Niall stava correndo con me, aveva le maniche della tuta arancione tirate su fino ai gomiti. I capelli biondi gli rimbalzavano sulla fronte ogni volta che faceva un passo.

Lo ignorai, sapendo che non era davvero lì.

«*Resisti, Mavis, ci sei quasi*» continuò a ripetermi.

Io mi aggrappai alla sua voce. Feci uno scatto in avanti e colpii con la mano il maniglione antipanico del primo piano. Chiusi la porta e tirai un sospiro di sollievo: avevo seminato le infermiere e le guardie dell'ospedale.

Il vento della sera mi accarezzò il viso arrossato per la corsa, i muscoli delle gambe mi dolevano per lo sforzo. Erano mesi che non facevo attività fisica.

«*Sei stata brava, principessa.*»

Mi voltai, l'immagine di Niall mi guardò con un sorriso sghembo. Lo fissai, felice del fatto che riuscissi a ricordarlo ancora così bene. I lineamenti del suo viso così perfetti... Sembrava davvero lì davanti a me. Gli sorrisi, poi lui scomparve lasciandomi da sola.

Avrei voluto inseguirlo, avrei voluto fare un sacco di cose. In quel momento mi pentii di non essere rimasta con lui in riformatorio. Niall pensava che fossi troppo fragile per uscire da lì, e forse lo ero, ma sarei dovuta rimanere con lui. Così, se non ce l'avessimo fatta, saremmo stati comunque insieme. Mentre in quel momento io ero già libera...

Lo realizzai in quel momento: io ero libera. Ma perché non mi bastava? Perché non ero appagata di quella libertà? Sentivo qualcosa mancarmi e sapevo cos'era.

Il mio concetto di libertà era poter stare con Niall senza condizioni, nient'altro.

Aggirai l'ospedale e osservai come il cielo si stesse annuvolando. Guardai l'orologio digitale posto al di fuori della struttura.

22:00

Mi nascosi in un angolo vicino a dei cestini per i rifiuti. Non mi restava che aspettare.

Epilogo

Mess

Cinque anni dopo

«*Bleah!*»

Il bimbo fece una faccia disgustata spostando con le manine il piatto al centro del tavolo.

«Oh, andiamo Ricky, non è così male» disse Jessica. Posò il panno e si appoggiò al tavolo della cucina.

Il bambino fece un'altra smorfia. «Fa schifo.»

Lei alzò gli occhi al cielo. «Non si dice 'fa schifo', si dice 'non mi piace'. È tuo padre che ti insegna queste cose» mormorò. «E poi le verdure ti fanno bene.»

«Ma mamma...» si lamentò il bambino.

«Mangia le verdure» ordinò dolcemente, interrompendolo.

Ricky fece una linguaccia e di malavoglia riprese il piatto. Mise il cucchiaio in bocca e fece un'altra boccaccia. Si bloccò di scatto quando suonarono alla porta. Scese dalla sedia e i suoi piedini risuonarono per la casa.

«Papà!» urlò ridacchiando.

«Ciao, Ricky.» Kyle si chinò e lo prese in braccio. Fece qualche passo nell'ingresso e chiuse la porta con un tonfo. «Dov'è la tua bellissima mamma?» chiese con un sorriso.

«In cucina. Ma non entrare, vorrà farti mangiare le verdure» gli sussurrò all'orecchio.

Kyle mimò una smorfia che fece ridere il bambino. Entrò in cucina e posò Ricky sulla sedia davanti al piatto ancora pieno. Si avvicinò a Jessica. «Ciao, bellissima» disse contro la sua guancia. Le diede un bacio, poi la fece girare per dargliele un altro sulle labbra.

Il bambino fece altre espressioni disgustate.

«Oh, ma quante storie fai oggi Ricky!» Jessica rise.

Il bimbo farfugliò qualcosa e riprese a mangiare.

«Com'è andata a lavoro?» gli chiese Jessica.

«Bene, finalmente ho chiuso il caso Trupper» rispose lui sollevato.

Jessica annuì e mise un piatto sul tavolo per Kyle.

«Ah, è arrivata questa oggi» aggiunse lui. Infilò una mano nella tasca interna della giacca, tirò fuori una busta e la passò a Jessica.

Lei se la rigirò tra le mani e la guardò. C'era solo il suo nome scritto sopra.

«Chi è il mittente?» domandò curiosa.

Kyle alzò le spalle. «Non lo so, non c'è scritto niente. Solo il destinatario: tu.»

Jessica aprì la busta. All'interno c'era solo un foglio ripiegato in tre. Lo tirò fuori, e lesse la prima riga.

«Kyle» chiamò.

Lui la raggiunse e le posò una mano sulla spalla. «Chi la manda?»

Jessica fissò il foglio senza sapere cosa fare. Alzò lo sguardo incontrando gli occhi di Kyle. «Mavis» mormorò.

Entrambi si chinarono sul foglio per leggere.

Cara Jessica,

probabilmente questa lettera è fuori luogo, forse neanche ti ricorderai più di me, ma io mi ricordo di te.

Mi ricordo di te e di Kyle, e spero che stiate ancora insieme dopo tutti questi anni. Ho visto il tuo compagno una sola volta, in ospedale, ma mi colpì moltissimo il suo modo di guardati: vigile e protettivo, mi ricordava tanto Niall.

Niall mi guarda ancora così, e lo sta facendo anche in questo istante. Lui non è convinto che scriverti sia una buona idea, ma io sento di doverlo farle.

Adesso viviamo in un posto lontano, non posso dirti dove, e non perché non mi fidi di te, ma perché non posso rischiare di mettere a repentaglio l'incolumità di mia figlia e di Niall. Sì, ho partorito Roxanne tre anni fa. È la fotocopia del padre, hanno le stesse espressioni e sono così felice da quando nella nostra vita c'è anche lei.

Lo scopo di questa lettera è dirti grazie, Jessica. Sei stata l'unica ad aver creduto in me e in Niall fin dall'inizio, e di questo ti saremo sempre grati. Non dimenticheremo mai quello che hai fatto per far riaprire il caso di Niall, e sappi che avremmo voluto provarci, ma era già troppo tardi e avevamo deciso di scappare da troppo tempo...

Allora io desideravo solo stare con Niall, riuscire ad amarlo all'esterno della stanza 105. Spero che tu lo capisca. Forse anche tu avrai pensato che il nostro fosse un amore giovanile, destinato a svanire nel corso degli anni. Be', non è stato così: siamo ancora insieme e nonostante le difficoltà sappiamo di aver fatto la scelta giusta.

Ho letto su internet che sei riuscita a trascinare Marcus in tribunale e a ottenere la sua rimozione dal ruolo di direttore. Anche di questo ti siamo grati. La vita è strana... Non volendo, Marcus è riuscito a rinforzare l'amore tra me e Niall, ma resta comunque una persona malvagia, una di quelle che non cambieranno mai.

Ora devo andare, Roxanne sta piangendo e Niall le sta facendo delle facce buffe per farla sorridere, ma lei reclama la sua mamma. Sono felice qui, con la mia nuova vita davanti. Spero che anche tu lo sia.

Mavis

Grazie di cuore a tutti voi!

@__danger__
@__MrsHoran__02
@_BensonRikkiPsike_
@_CristinaGrier_
@_Darth_Vader
@_Ellie01
@_emmax
@_FabbiFandom_
@_fattoilmisfatto_
@_Grey-Princess_
@_Harold94
@_harrystyles_girl_
@_HugMeStyles_
@_inhoransarms
@_inlovewithmusic_
@_InNiallArms_
@_la_shaaa_
@_larrystylinsonlove_
@_MartinaOfficial_
@_mika_ff
@_Nightmare
@_onlyonedream
@_Solote_
@_SupermanHelp_
@_TheShyLittleGirl_
@_This_Is_love_
@_tomvlinson_
@_trovatics
@_videogamer_
@_Warrior71650_
@_White_Dark_
@_xClaudiax_
@_xsilencx_
@_you_complete_meSS_
@13crazymofos
@1dfrancesca
@212ggl
@290614bestnightever
@5sosx_nouis
@94EDWARD
@AamazingAnnalsOnFire
@abbracciamiluke
@Abrracciandote
@abyssnmychestxx
@AComplicateGirl
@AcompllicateGirl
@acupofshades
@adorharry
@advorogret
@Aga_Horan
@AgaDeGiglio
@alelove_mstery
@alessandrafenu501
@alessia0314
@AlessiaMaiorino
@alesssh
@alexa151199
@alexsbaby
@alicepanico_99
@AliceStyles10
@alicOnsumate
@AliveForHarry
@Alys_fantaisie
@amamipayno
@AmosoloLukeHemmings
@AndreaSalvatiO
@Andrek_Stronger
@annaashhemmings_
@AnnadeLucia3
@annal2001
@annasecs
@anninaaaaa2906
@Anywherebuthere_
@ariannahjs
@ary_1293
@ashmycrushh
@ashton_is_my_heroo
@asietta11

@awaywniall
@awkangy
@bauuuu
@Bea_BooBear
@Bebbe8802
@Bellatrix_Granger
@belyyisanyone
@Benedetta_Horan
@BeNotPerfectGirl
@Bestmivstake
@bismyikigai
@blavke
@bocasweets
@BudinoAmaroHS
@buteraisdrug
@CacciatriceDiFanboy
@CamillaAgazzi7
@caosempessoa
@Carolinaonedirectoin
@carolixmarcolla
@casvtaway
@CauseStylesIsPerfect
@change-of-heart
@chiara_60
@chiaraclemmings
@chiaraclennings
@chiardisanti7
@chrysmile
@ciellisunicorns
@Cielo_Stellato
@cinquesecondi
@ClaudiaVaduva
@Cliffordsaveme_
@corinnacorrente
@covetlouis
@cristine_hemmo
@CrRossO
@CryStYna_01
@daianrose
@datemiduepanda
@DatemiPizza
@DavideGemitaiz
@deardiari
@dearlvke
@dearvloujs
@densejeobbi
@detestatadatutti
@directionlizzatax
@Disconnessa
@Dolce-chan
@dolcedroga
@Domytilla
@double_H_
@-Dreamer-111
@dreamheartk
@drunkvniall
@ehimatihope
@Eleon01
@ElvyraLamberti
@Emma_Horan_
@emmylape
@Er_Berna_regna
@ErikaNardi
@erimerci
@Erizombie0
@eroidicarta
@escapezayn
@Estherprando02
@Faby_1501
@Faithiall
@Fancouis
@fandom99
@fangiirland
@fangirlandopergli1D
@FedeJ94
@Federica_Neverland
@FedericaWork
@FedjHorana
@fightingforniall
@FlorianaAloise
@Flowers_Dark
@focuscamila
@Fra_HHerondale
@francesaberoggio
@franci290801
@frrrr15
@fuucking_roses_
@-ghostwhisperer-
@Giada_Danese
@giada_mia
@giadaabr
@giadapascuazi
@Giolart
@Giorgia_Campagnolo
@Giorgia28_06
@giorgialove1D2002
@GirlHidden_hs
@Giulia_De_Girolamo_
@giulia_lapegna98
@Giulia_Maddox
@Giulia156
@giuliacliff
@Giuuuliaa
@godblesscurls
@happiley
@harold_babess
@haroldlikesboys
@haroldosaveme
@Harrietismine
@Harrjsmilex
@Harrybetty
@Harrystyleismysun
@harryvqueen
@Harryyoucompleteme
@harwinlama
@Haz_Love_You
@hegivesmechills
@Hesmyall
@heyladsxx
@Hii_Its_Dan
@hiOops1608
@hogwartsletters
@holdmedallas
@holdmetighlou
@holdmetightlou
@-hopeless-
@horaanismybae
@horanhvg
@horansmilexo

@horan-sorridi
@horansoul
@horantm
@HPHGS5sos
@httptomlinsovn
@Hug_me_Harry_x
@hug_me_horan_xx
@hugh_me_horan_xx
@Hugme-ash
@-HugMeLuke-
@i_love_ariana_
@ice2003
@Idontwanttobealone
@iimhere
@iinsaneXx
@ilmaredentro
@Ily_Tommo
@ineedaluke
@ineedHarryx
@Ineedmgc
@ineedthethickets
@infiinityy
@inlovewithloueh
@INSTYLESARMS_
@iosonounaguerriera
@irenefabbri2
@IsabellaDeSantis
@isorrisidiharry_
@ithinkofonedirections
@its_bennyy
@itsasiarussotti
@IwantLouisshug
@jeidirectioner
@jeisetto
@jelenaonedirectioned
@jhappyperson
@justsayinglouis
@justwantyourhug
@KarinaKempel
@Katia002
@khoudiaMendes
@khrysticri
@Kilamlkigai
@Killuuaxzoldyck
@kissvmeloujs
@kurt84
@kyelle09
@-lakeomina
@lamanunicorn22
@lanaspony
@Laragazzadismeraldo
@LaRagazzaPayne
@LaRisataDiAsh
@larrjdaughter
@larryismyreligion
@-lefossettediharry
@LetiziaHoran__
@letsloveharold
@LiamDemiaremywarrior
@lifeofederyca
@Lily_Anna
@lisaaccomando
@LisaZhan0
@LittleBibble
@littletvings
@liveforhar
@LiviaMorini
@lollinojjjew
@lollipophaz
@LookingforNutella
@lostinnjaillsarms
@lostinnjallsarms
@Lou-is-my-heart
@louisobessioon
@louplsmile
@loveashton_5sos
@LoveDance47
@loveestilinsky
@lovemesssss
@LuanaMartines6
@luismjle
@luyluo90
@madhaatter
@MADIALL
@magcon_love_you
@MAGCONGIRL1409
@Make_the_difference
@mangiamocicciopansa
@mar-22
@Marfinx
@mariasole_tomlinson
@MarinaMaletchi
@MarixandNiallx
@martadanza
@martazn1
@marthaa37247
@Marticappy
@martinabotti
@martinacamarchio
@marty_love1d
@Marty016
@MartyUrry
@masaistheway
@mati_hood
@Mavi_Mavi_01
@mentalmentecontorta
@michaelmyking
@Mikaneeds5SOS
@Mine__Styles
@MiniLovesHarry
@miry_love
@molto_tempo_fa
@Mrs_Lars_Hood
@mukhey
@MyHazzsmile91
@MyKinglsHoran
@Nadiettabinny
@Naomidaya
@narryistheway
@natasuilibri
@nathaliacarneiro98
@naty_100
@Nelloismyhero
@-Neverletmego
@NialEatPizzaWithMe
@nialisangry
@Niall_il_facocero
@nialles
@niallijhoranobsessed

@niallisangry
@Niallsgiirl
@NiallSmile03
@Nialsgiirll
@niky1212
@nikyrusso
@njallerismjne
@njallseyes
@njallvo
@nonseghistiscalloisi
@nuhoran
@Nutellaavita
@obvlou
@OBVRIENs
@occhi_color_mare
@oceavn
@oceavn-
@Ogiady3
@Ohhey_violet
@ostuni3
@Ourvoices
@overdosenjallih
@paglia1D
@PamelaHoran00
@PANDACORNOcoloratoo
@PandaSissi
@patry1D5
@pavone2003
@Payne_and_nutella
@pazzadiloro
@pollipoppi
@portatemi_a_hogwarts
@portatemidalui
@PucCake
@pureartzayn
@queenhoran17
@Quegliocchi_
@quelcupcakediharoldo
@ragazzadirectioner
@-rider
@RiverForSoul
@Robertagnese_
@ROSS_IS_A_UNICORN
@Rossy_Stylinson
@sabri01_
@sabryhoran
@saraguerrini
@saraweasley3
@sentireunsensodite
@serenaspano
@SerenaTheGentle
@Shasha100
@ShiverMeet1805
@Silvia143
@simmu_jey
@simsaladuh
@sinfvl
@SiriaFarina
@sirya_jacker_02
@sixthhstreet
@smgbae
@someonerightthere
@sonoquelchesono00
@Sonounapatata
@SosoCatnip
@spaces-1D
@spyconiallsgirl
@Ssmile_on
@Stefy_niall11
@sthale
@Stilinskiaddicted
@stockhvlme
@StrongFlower
@stypathorlikson
@takemetoharold
@that_swag
@TheBooks_ofthegodess
@TheLorenzosheart
@TheTommoTomLinson97
@tommoscuddles
@TwoHalfAHeart
@TwoHalfAHearth
@UnicornAlice
@UnMareinTempesta
@ValeGavioli
@VanityCastelfranco
@Veero_nica
@VicolinaDirectioner2
@VictoriaSoyYo
@vivo_di_libro
@vivoperloro13
@we_took_a_chonce
@weekylie
@wewereinfinite_08
@Winchesterh_
@WIOFDR
@withoutmichael
@xabbracciamiZayn
@xadorvouisx
@xcameronsgirl
@xelisa-
@xharrygray
@xhoransgrlxx
@xlamNiallswifesorryx
@xlarryshugsxx
@xlarryslaugh
@xrelaxmendes
@xsheeranshugs
@xtherebelwriterx
@xwienorangex
@xx1dsavedmylifexx
@XxAngelaHemmingsxX
@xxeyesclosed
@xXhemmohugXx
@xxhugMeHoodx
@xxlarryshugs_
@xXnelloXx
@xxniallsvoicexx
@ylenia_levorato
@--yolo
@zabb1966
@zainisperfectt
@zaynforeveriloveyou
@ZaynHero
@Zaynsmylove_
@ziafrappuccininaisher
@Zoemaria1
@zUnbroken

In libreria

Cristina Chiperi

My Dilemma Is You 1

320 pagine
14,90 euro

Cristina Evans ha sedici anni, vive a Los Angeles e frequenta il terzo anno dell'high school. Tra feste, amici e buoni voti, la sua è una vita perfetta. Finché la sua famiglia non decide di trasferirsi a Miami, e per Cris cambia tutto. Da un giorno all'altro viene catapultata in una nuova città e soprattutto in una nuova scuola. Nonostante senta la nostalgia di Los Angeles, riesce rapidamente ad ambientarsi e a stringere amicizia con gli studenti più popolari.
Tutti la accolgono calorosamente... tutti tranne Cameron e la sua ragazza Susan, da subito ostili nei suoi confronti. E così, tra grandi e piccole difficoltà, Cris trova una nuova amica, Sam, e un nuovo amore, Matt. Ogni cosa sembra procedere nel migliore dei modi, ma come spesso accade nelle faccende di cuore, i giochi sono destinati a complicarsi.
Col passare del tempo, Cameron e Cris comprendono che l'antipatia che provano l'uno per l'altra nasconde in realtà un sentimento ben diverso, e accettare e assecondare questa scoperta vuol dire mettere di nuovo tutto in discussione...

In libreria

Cristina Chiperi

My Dilemma Is You 2

320 pagine
14,90 euro

Se durante le vacanze di Natale la storia d'amore tra Cris e Cameron sembrava andare a gonfie vele, con l'inizio della scuola riprendono i dubbi e i litigi di sempre. La competizione con Susan fa sentire Cris una nullità, ma soprattutto è il nome di Carly a rimbombarle in testa. Cosa ha significato quella ragazza per Cam? E perché tra i corridoi della scuola si sussurrano strani commenti? C'è qualcosa che sfugge a Cris, un mistero che è intenzionata a risolvere al più presto.
In compenso, si sta ambientando a Miami e sente che la città le appartiene un po' di più. Le amicizie nate negli ultimi mesi stanno diventando vere e profonde, il gruppo sempre più unito. Nuove e vecchie conoscenze riempiono le giornate di Cris, tra queste Austin, dolce e premuroso, e Cloe, la migliore amica di Cam, tornata a vivere a Miami dopo un anno trascorso a New York. Inutile dire, però, che fino a quando il rapporto con Cameron somiglierà a un giro sulle montagne russe, tutto il resto avrà poca importanza.
In una storia fatta di picchi altissimi e vertiginose cadute, testa e cuore sono in lotta tra loro: riuscirà Cris a metterli d'accordo?

In libreria

Cristina Chiperi

My Dilemma Is You 3

320 pagine
14,90 euro

La storia di Carly si sta ripetendo... Il presentimento che ha accompagnato Cris durante tutta la serata della sua festa di compleanno è forse qualcosa di più di un semplice eco che le rimbomba in testa? E a chi appartiene lo sguardo assassino che ha intravisto mentre un'auto si scagliava a tutta velocità nella sua direzione? La verità sta per venire a galla, e non sarà facile da accettare.
Quando Cris viene a conoscenza del mistero che Cam e gli amici le hanno tenuto nascosto è sconvolta e ferita.
Vorrebbe solo scappare lontano e ripartire da zero, fingere che Cam, Sam,Cloe e tutti gli altri non siano mai esistiti...anche se continua a incrociarli nei corridoi della scuola. È intenzionata a non cedere ai loro tentativi di rappacificazione, ma non è facile.
La cosa più difficile, però, è stare senza Cam. Così, poco alla volta, Cris prova a perdonare, perché l'amore e l'amicizia, quando sono veri, non possono essere cancellati con un colpo di spugna. Tuttavia, proprio mentre le cose sembrano sistemarsi, un imprevisto fa crollare il mondo di Cris, obbligandola a compiere un'ultima, importantissima, scelta...

Per consultare il nostro catalogo
visita il sito www.leggereditore.it
e iscriviti alla newsletter
per essere continuamente aggiornato
sulle nostre pubblicazioni.
Seguici su:

e sul blog Leggereditore, www.leggereditore.it

Finito di stampare nel marzo 2016 presso
Puntoweb - via Variante di Cancelliera snc - Ariccia (RM)
Printed in Italy